취업준비생
부모가
꼭 알아야 할
7가지 취업이야기

To.

_____

_____

_____

_____

From

[취업준비생 부모라면 꼭 알아야 할 입시보다 중요한 취업 정보]

취준생
부모가 꼭 알아야 할
7 seven 가지
취업이야기

노 훈
지음

부모가 취업까지
챙겨야 하나?

책 제목을 보고 이 같은 생각이 들었을 수도 있다. 그에 대한 대답은 한마디로 '이제는 그렇다'이다. 뿐만 아니라 앞으로는 더욱 그러할 것이다. 받아들이고 싶지 않지만 과거와 달리 부모들이 관심을 갖고 챙기지 않으면 안될 정도의 상황이 되었다. 2015년 현재 대한민국에서 취업은 경쟁을 넘어 전쟁이라 표현해도 어색하지 않다. 청년 3명중 1명이 실질 실업자인 상황이다. 취업이 안 되는 자녀로 인해 한 가정이 큰 불행을 겪고, 심지어 이웃이 피해를 보는 사건까지 언론에 심심찮게 등장하고 있다. 개인을 넘어 정부, 기업, 사회, 대학 모두 팔을 걷어 부치고 해결을 위해 나서고 있다. 그런데, 이 전쟁통 같은 상황에 부모만 보이지 않는다. 취업으로 힘들어 하는 자녀를 보며 '대학도 보내놨고, 다 컸으니 제 앞가림은 알아서 잘 하겠지'라고 마음 편하게만 있을 부모는 세상에 없다. 걱정이야 누구보다 크지만 손 쓸 도리가 없다 보니 고생하는 모습을 지켜만 보며 그저 속앓이만 하고 있을 뿐이다. 입시와 달리 취업은 부모가 해줄 얘기도 없고, 도와줄 방법도 모른다. 아는 게 없기 때문이다. 나름 신경 쓴다고 마음먹고 한 마디 거들라 치면, 가뜩이나 예민해진 자녀로부터 알지도 못하면서 간섭이나 한다는 차가운 반응만 돌아올 뿐이다. 답답한 마음에 인사팀에 직접 전화를 해보기 까지 한다. 하지만 바쁜 인사팀 업무만 방해하고, 오히려 자녀에 대해 부정적인 인상만 남기게 된다.

부모가 자녀의 취업에 관심을 가지고 도움을 준다고 하면 가장 먼저 떠올리게 되는 것이 과잉보호나 헬리콥터 맘 같은 부정적인 이미지다. 도와주는 방법 역시 부모가 채용박람회에 간다거나, 주변에 인사청탁을 하고, 인사팀에 전화해서 채용 정보를 문의하며, 취업시험장까지 따라 다니는 것 등을 생각한다. 그러나, 이 책에서 부모가 자녀의 취업에 관심을 가져야 한다는 의미는 이러한 것을 말하는 것이 결코 아니다. 다 큰 자녀를 치마폭에 감싸고 돌라는 말이 아니다. 취업 현장에 나타나라는 것은 더더욱 아니다. 그것은 자녀를 돕는 게 아니라 망치는 길이며, 취업에 감점 요인만 될 뿐이다.

취업 스트레스에 지친 자녀를 보듬고, 서로 소통하는 것, 그것이 바로 취업준비생의 부모가 무엇보다 먼저 해야 할 일이다. 그러기 위

해서는 부모도 현재 취업 시장이 어떻게 돌아가고, 기업의 채용 절차
가 어떻게 되며, 자녀가 왜 떨어졌는지 정도는 이해할 수 있어야 한
다. 그래야 서로간에 취업에 대한 대화가 통할 뿐만 아니라 인사팀에
불필요한 문의 전화도 안 할 수 있다. 나아가 고가의 취업 사교육과
스펙 쌓기에 들어가는 부모 자신의 돈이 적절한가도 알 수 있어야 한
다. 전형에서 탈락하고 힘없이 다시 토익 학원으로 향하는 자녀를 측
은하게 바라보기만 하는 것은 이제 그만하자.

취업준비생을 위한 책은 시중에 수없이 많다. 하지만 자녀의 취업
에 대해 궁금한 부모가 볼 만한 책은 없다. '취업준비생 부모가 꼭 알
아야 할 7가지 취업이야기'를 통해 그 동안 자녀의 취업에 대해 답답
해 했던 부모들의 궁금증이 해소될 수 있었으면 한다. 자녀의 처지와
고민을 이해하고, 소통할 수 있는 계기가 되길 바란다. 자녀의 취업
성공에 조금이라도 도움이 될 수 있었으면 한다. 지난 날 입시에 들
인 노력의 반의 반만 해도 취업에 대해 아무것도 모르면서 간섭만 한
다는 소리는 듣지 않을 수 있다.

이 책은 크게 두 부분으로 나뉘어져 있다. 1장에서 4장 까지는 부
모까지 나설 수 밖에 없는 이유와 취업이 어려운 원인, 취업준비생

자녀들이 처한 상황, 취업 준비의 기본적인 내용 등에 대해 다루고 있다. 후반부인 5장부터 7장에서는 취업에 필요한 실전 노하우 들을 이야기 하고 있다. 부모는 물론 특히 취업준비생 당사자에게 직접적으로 도움이 될 내용이 들어 있다. 실제 취업에 바로 써먹을 수 있는 사항들이기에 취업준비생 자녀와 꼭 함께 보길 바란다. 내용이나 문체도 취업준비생이 보기 쉽도록 구성했다.

면접에서 가장 존경하는 인물이 누구냐고 물으면 많은 지원자가 '부모님'이라고 답한다. 인생의 멘토 1순위로 꼽는데도 주저하지 않는다. 부모들은 그 존재 자체 만으로도 이미 훌륭한 자녀들의 롤모델이다. 그러나, 한편으로는 의외로 취업 준비에 가장 스트레스를 주는 대상이라고도 한다. 이제는 스트레스 유발자가 아니라 자녀의 취업 고민을 이해하고, 함께 대안을 찾아가는 진정한 롤모델이자 멘토로 자리매김 하는 취업준비생 부모가 되었으면 한다.

출간이 되기까지 애써준 가족들과 출판사 관계자 여러분, 그리고 하나님께 감사 드립니다.

Contents

Contents

왜
부모까지
나서야 하나?

Part 01

부모만 보이지 않는
취업 총력전

출간 전에 주변의 지인들에게 책의 제목을 이야기 해주자 많은 이가 '부모가 취업까지 챙겨야 하느냐'고 물어왔다. 지금 이 책을 읽는 독자들도 그렇게 생각하는 사람이 있을 것이다. 그에 대한 대답은 길지 않다. 한마디로 '이제는 그렇다'이다. 뿐만 아니라 앞으로는 더욱 그러할 것이다. 받아들이고 싶지 않지만 과거와 달리 부모들이 관심을 갖고 챙기지 않으면 안될 정도의 상황이 되었다. 지금 대한민국에서 취업은 전시 상황이라고 해도 전혀 어색하지 않다. 2015년 현재 전국 청년(만 15~29세) 3명중 1명은 사실상 '실업' 상태라는 조사 결과가 있다. 서울노동권익센터에 따르면 전국 청년층 실질실업률은 30.9%라고 한다. 정부 공식 발표만 해도 청년층의 실업률은 약 11%다. 15년 만에 가장 높은 기록이라고 한다. 유럽과 비교하면 아직 낮은 수준이지만 고도 성장만을 해온 대한민국에서 청년 실업 170만 명은 충격적인 일이 아닐 수 없다. 일하고 있는 청년들 조차도 비정규직인 경우가 많다. 필자도 기업과 취업 현장에서 이를 몸소 체험하고 있다. 중소기업도 구인정보사이트에 채용 공지를 올리면 며칠이 안돼 보통 수십 대 1의 경쟁률을 가뿐이 기록한다.

취업은 개인의 문제를 이미 넘어섰다. 취업이 안 되는 자녀로 인해 한 가정이 큰 불행을 겪고, 심지어 이웃이 피해를 보는 사건까지 언론에 심심찮게 등장하고 있다. 갈수록 취업난이 심해지고 이로 인한 심리적 압박이 감내할 수 있는 한계를 넘다 보니, 범죄를 저지르거나 범죄에 이용당하는 경우가 늘고 있다. 스트레스를 견디다 못해 묻지마 폭행, 몰카 촬영, 협박 댓글 등 해서는 안될 일을 저질러 본인과 가족은 물론 타인에게도 상처를 주고 있다. 취업이 어렵다 보니 지푸라기라도 잡는 심정이 되어 취업 사기에 쉽게 걸려 들고, 심지어 범죄에 적극 가담하기까지 한다. 보이스피싱 인출책의 42%는 20대 청년이라는 보도도 있다. 연이은 취업 실패로 보이스피싱 조직원으로 전락해 간다는 것이다. 나아가 자살이라는 극단적인 선택을 하는 이들도 있다. 아무리 입시 관문이 어렵고, 경쟁이 치열하다고 하지만 취업에 비할 바가 아닌 것이다.

상황이 이처럼 심각해지자 정부, 기업, 사회, 대학 모두 팔을 걷어부치고 해결에 나서고 있다. 정부는 하루가 멀다 하고 청년 취업 대책을 내놓고 있다. 나아가 공공기관부터 시작해서 기업의 채용 절차까지 뜯어 고치고 있다. 국가가 기업의 채용 제도까지 바꾸는데 앞장서는 모습은 필자가 아는 한 대한민국 역사상 이전에 볼 수 없던 일이다. 사회와 기업도 창업 지원, 청년 인턴제 등 일자리를 만들기 위해 노력 하고 있다. 대학은 말할 것도 없다. 부모들은 잘 모르겠지만 요즘 웬만한 대학에는 아예 취업 관련 업무만을 하는 취업컨설턴트가 상주하는 곳이 적지 않다. 대학이 학생들의 취업을 위해 예전에는 단순히 채용 정보를 공유하고 학생들의 진로 상담을 하는 식이었다면, 최근에는 자체적으로 취업 프로그램을 개발하고 심지어 취업에 필요하다면 전공을 신설 또는 폐지하기까지 할 정도다. 전에는 상상하기 힘들던 취업사교육이 생겨난 것은 말할 것도 없다. 한마디로 이제 취업은 취업준비생에게만 해당하던 일이 아니라 관련된 모든 주체가 전방위적으로 나서는 총력전의 상황인 것이다. 그런데, 이 전후방이 따로 없는 전쟁통에 부모만 보이지 않는다. 부모 입장에서는 취업준비생 자녀를 바라보며 안타깝기는 하지만 '대학 보내고 다 컸으니 알아서 하겠지', '굳이 부모까지 나서야 하나?' 하고 생각할 것이다. 또는 '어떻게 도와줘야 할지 몰라서', '간섭한다는 소리 듣기 싫어서' 등의 이유들 뒤에 숨어있다. 이해는 되지만 지금은 그럴 때가 아님을 알아야 한다. 과거와 같이 골라서 취업하던 고도성장기에는 부모가 특별히 관심을 가질 것도, 개입할 필요도 없었다. 그러나, 지금은 다르다. 청년층 실질 실업률 30%인 총력전 상황에서 부모만 몸을 숨겨서는 안 된다. 부모가 나서야 할 때가 된 것이다.

Part 02

취업준비생
혼자 지기엔
너무 커져 버린 짐, 취업

필자를 포함해서 자녀를 둔 부모들의 마음은 모두 같을 것이다. 부모 자신이 잘되는 것 보다 자녀가 성공하기를 바라는 것은 예나 지금이나 마찬가지다. 어렵게 기르고 가르쳐 대학에 입학해서 한 시름 놓나 했는데, 언젠가부터 목숨보다 귀한 내 자녀에게 취업준비생이니, 청년실업자니 하는 꼬리표가 붙기 시작했다. 차라리 내가 실업자가 될지언정 피 같은 내 자녀가 취업으로 고통 받는 것은 차마 볼 수 없는 것이 부모의 심정이다. 그런데, 지금 그 무거운 취업이라는 짐을 자녀 혼자 지고 지쳐 쓰러지고 있다.

입시는 할아버지의 경제력, 아버지의 무관심, 어머니의 정보력, 학생의 능력이 합격 요인이라는 말이 있다. 자녀는 공부만 신경 쓰고 나머지는 부모가 책임지는 이원화된 체제를 갖고 있다. 입시생은 공부라는 하나의 짐만 지면 되었기에 부담이 상대적으로 적다. 이에 비해 취업은 오로지 취업준비생 혼자 모든 짐을 짊어지고 있다. 예전 같으면 그렇게 해도 충분히 취업 할 수 있었다. 하지만 이제 전쟁이 된 취업은 취업준비생 혼자 감당하기에는 과부하 임계치를 넘어섰다. 전공 공부에만 신경쓰기에도 벅찬 가운데, 시간과 비용이 요구되는 스펙 쌓기 경쟁에 내몰리고 있다. 심지어 이와 중에 형편이 넉넉지 못한 취업준비생은 스스로 학비와 생활비까지 벌거나 대출까지 받아 가면서 취업을 준비하고 있다. 취업에 필요한 생생한 정보를 얻으려면 현업 재직자를 만나야 하는데 학생의 인맥 수준은 뻔하다. 전쟁을 할 때도 작전 수립, 정보 수집, 물자 보급, 실제 전투 수행이 각기 나뉘어져 있는데, 취업 전쟁을 하는 취업준비생은 이 모든 것을 혼자 다하고 있다. 정신적으로는 물론 물리적으로도 홀로 짐을 다 지기에는 한계 상황에 다다른 것이다. 부모의 관심과 경제력은 물론 정보력까지 필요한 시점이 되었다.

혹시 우리 때는 그 정도는 고생도 아니었다고 혼자 헤쳐나가야 한다고 넘겨 버리지 말길 바란다. 다시 말하지만 그 때는 고도성장기였다. 자고 일어나면 수출 기록이 매일 깨지던 시기였다. 게으르지 않고, 운 나쁘지 않으면 자기 혼자 힘으로도 일어설 수 있었다. 힘들어도 노력만 하면 최소한 결과가 나오는 때였다. 그러나, IMF와 금융위기가 모든 것을 바꿔 놓았다. 투입한 만큼 산출이 나오지 않는 시대가 되었다. 입시도 무조건 앉아서 공부한다고 되는 시대가 아니다. 입시 전형의 가짓수만 3600여 개가 넘는 그야말로 노력 이상의 전략이 필요한 시대다. 그런데, 입시보다 중요한 취업에 대해서는 취업준비생과 부모들은 무조건 열심히만 하면 되는 줄 안다. 취업에 필요한 전략을 부모와 취업준비생이 함께 짜야 한다. 입시에서 엄마들 간의 경제력, 형편, 시간, 정보력 등의 격차가 차이를 만들어내듯, 앞으로는 취업 역시 부모의 관심과 정보력이 차이를 만들어 낼 것이다.

한편, 부모들은 기업들이 부모의 학력과 직업, 심지어 재산 수준까지 물을 정도로 부모에 대해 관심이 많다는 것을 알고 있는가?(부모가 인사팀에 직접 문의하거나, 입사시험장까지 따라오는 경우 불이익을 준다고 까지 하면서도 실상은 지원자의 부모에 대해 관심이 있는 것이 조금 아이러니하다.) 아래 그림은 일부 기업의 실제 입사지원서 중 가족사항 기입양식이다. 생년월일, 학력은 물론 직위, 가족 월수입, 생활비 부담자, 학비 지급자, 주거 상황 등을 묻고 있다. 재산은 동산과 부동산으로 상세 구분까지 되어있다. 의도가 무엇이든지 간에 취업 시에 지원자의 부모에 관해 궁금해 하고 있다. 바쁜 기업에서 아무 의미 없이 이 같은 정보를 요구하지는 않을 것이다. 이어지는 기사를 보면 취업준비생들은 부모의 재산과 지위 등이 취업 성공에 영향을 미친다고 생각하고 있는 것으로 나타났다. 일부 인사담당자도 이를 부인하고 있지 않다. 그러나, 이 시대를 살아가는 대다수 취업준비생의 부모들은 안타깝게도 이처럼 재력이나 배경으로 자녀의 취업에 든든한 버팀목이 되어 줄 수 없는 것이 현실이다. 평범한 부모들이 할 수 있고, 해야 하는 일은 자녀가 힘겹게 지고 있는 취업의 짐을 조금이라도 나눠 지는 것이다. 최소한 취업이 어떻게 이루어지는 것을 알고 자녀의 아픔에 공감할 수 있어야 한다. 이것은 지금이라도 조금만 노력한다면 충분히 할 수 있다. 갈수록 돌아가는 상황들은 취업준비생 자녀의 짐을 부모가 나눠지도록 요구하고 있다. 안타깝지만 그것이 어쩔 수 없는 이 시대의 현실이다.

[일부 기업 입사지원서의 가족사항 입력란 사례]

:: 가족·기타사항 (※ 결혼하여 분가한 경우에도 부모 기재)

관계	성명	생년월일	출신교/근무처		직위	동거여부
			출신교			
			근무처			
			출신교			
			근무처			
			출신교			
			근무처			

	관계	성명	생년월일	학력	직업	동거여부	부모 생존 여부	부( ) 모( )	
가족사항							가족관계	( )남 ( )녀 중 ( )째	
							가족월수입		만원
							생활비 부담자		
							학비 지급자	부,모,형제,본인,기타	
							보훈 대상 여부	대상( ), 비대상( )	
주거상황	자택·전세·월세·하숙·친척·기타					재산	동산( )만원, 부동산( )만원		

[취업준비생에 부모 정보 묻는 기업]

한 취업준비생은 "취업설명회에 가면 면접에 가거나 자기소개서를 쓸 때 부모님 얘기 하지 말라고 하는데 왜 이력서에서는 엄마 아빠 학력을 쓰라고 하는지 모르겠어요. 두 분 다 고졸이신데 괜히 다른 지원자들과 비교될 것 같고. 저 하나 떨어지는 것도 좌절감이 드는데 이력서를 통해 저 뿐만 아니라 제 가족까지 평가 받는 것 같은 느낌이 들어서 우울하죠."라고 털어 놓는다. 이력서나 면접에서 부모님 재력 대놓고 물어보는 기업. 부모님의 직업을 묻는 정도는 양호한 수준이다. 취준생(취업준비생) 박모씨(26)는 최근 한 대기업에 이력서를 쓰다가 자신의 눈을 의심했다. 부모님이 최종 졸업한 학교의 이름과 직장 내에서의 '직급'까지 쓰도록 되어있었기 때문이다. 박씨는 "이력서를 작성하기 위해 어머님께 어느 학교 졸업하셨느냐고 여쭤봐야 하는 상황이 기가 막혔지만 취업준비생이 뭘 할 수 있겠는가"라며 "어떤 기업은 조부모 직업까지 추가로 기입할 수 있는 이력서를 제시 하더라"고 덧붙였다. 이력서뿐 아니라 면접에서도 부모님의 '재력'을 물어보는 경우도 있다. 취업박람회를 방문한 이모씨(28)는 "부모님이 연세가 많으신데 아직도 일을 하시나. 지금 살고 있는 집은 자가인가 전세인가"라는 면접관의 질문을 듣고 황당했다고 말했다. 지난 9일 취업포털 사이트 사람인이 취업준비생 900명을 대상으로 '부모님의 지위, 재산 등 여건이 본인 실력보다 취업성공에 영향을 미치는지 여부'를 설문 조사한 결과, 10명 중 6명 이상(64.6%)이 '영향을 미친다'라고 응답했다. 기업은 어떨까? 부모의 직업이 구직자의 합격 당락에 어느 정도 영향이 있느냐는 물음에 한 기업 인사팀 관계자 A씨는 "참고 안 하는데 쓰게 할 리가 있느냐"고 잘라 말했다. 이어 "그 부모에 그 자식이라는 선입견이 아직 있는 것 같다"고 설명했다. 문제는 부모님 직업이 단순히 구직자에 대한 인상이나 선입견에 그치지 않고 실제로 '점수'로 반영되거나 부서 배치에 영향을 주는 경우도 있다는 것이다. 한 중소기업 인사담당자 B씨는 "일반회사들은 회사와 직간접적으로 관련이 있는 경우 가산점을 주기도 한다"고 말했다'.

– 쿠키뉴스 2015년 8월 24일자 참조

Part 03

부모들이여,
취업 스트레스 유발자에서
멘토로 변화하라

갈수록 악화되는 취업난 속에 취업준비생 10명 중 9명은 취업 스트레스로 인한 우울증까지 겪고 있다고 한다. 취업 포탈 잡코리아의 설문에 응한 취업준비생 465명중 94.5%가 '우울증이 있다'고 답했다. 수치상으로는 거의 모든 취업준비생이라고 볼 수 있다. '미래에 대한 불안감'과 '계속되는 탈락'이 가장 큰 원인이었으며, '주변의 압박 때문에'라는 응답도 있었다. 그 결과 무기력증, 짜증, 감정기복이 늘어나고, 사람 만나는 것이 싫어지고, 불안 초조의 증상이 나타난다고 했다.(이데일리, 2015년 6월 17일자)

그렇다면 이렇게 가뜩이나 취업 스트레스로 고통 받는 취업준비생을 힘들게 하는 사람 1위는 누구일까? 자기보다 스펙이 딸리면서도 좋은 직장에 간 친구? 압박 면접으로 취업준비생을 괴롭히는 면접관? 취업준비생들에게 가장 큰 스트레스를 주는 사람은 다름 아닌 '엄마'였다. 취업준비생 1,055명을 대상으로 한 잡코리아 설문 결과, 가장 많이 부딪히는 사람은 '엄마(31.9%)'라는 결과가 나왔다(매일 경제. 2015년 4월 4일자). 누구보다 자녀의 취업을 애타게 바라고 뒷바라지 하는 사람이 엄마인데 그 정성과는 반대로 스트레스 원인 1위라니 의외다. 아빠들도 안심하긴 이르다. 남자 취업준비생은 엄마와 본인 다음으로 '아빠' 때문에 스트레스를 받는다고 대답했다. 부모들은 이처럼 자신들이 자녀의 취업 스트레스 유발자 순위 상위권에 자리잡고 있음을 알기나 할까? 자녀의 취업을 위해 전심을 다하는 부모들이 어쩌다가 취업 스트레스의 주범이 된 것일까?

입시 때는 수험 정보와 진로 선택에 대해 수험생과 부모가 서로 소통을 많이 하게 된다. 때로는 부모가 학생보다 정보도 많고 주도적이기까지 하다. 이에 반해 취업은 전적으로 취업준비생 혼자서 알아서 한다. 부모는 취업에 대해 아는 것도 없고 아무 정보도 주지 못하는 입장에서 잔소리와 참견만 하다 보니 그저 스트레스나 주는 존재가 돼버리고 말았다. 가끔 나름 생각해준다고 하는 말조차 위의 조사들처럼 가뜩이나 취업 스트레스에 찌들어 있는 자녀에게는 짜증 지수만 높이는 역효과를 낳고 있는 것이다. 짜증과 감정기복이 늘어나고 사람 만나기가 싫어지는 상황에서 매일 얼굴을 맞대야 하는 대상이 가족이다. 그 가운데서도 부모가 가장 큰 스트레스 원인이 되는 것은 안타깝지만 어쩔 수 없는 일이다. 가장 좋은 해결책은 취업이지만 마음처럼 쉽지는 않다.

한편에서는 힘들어하는 자녀를 보다 못해 적극적으로 나서는 모습도 늘어나고 있다. 취업 시즌에 채용담당자들이 부모로부터 오는 전화를 받는 횟수가 전에 비해 늘고 있는 것이 대표적인 예다. 전형

기준과 절차 등 채용에 관한 일반적인 문의는 물론, 자녀의 탈락 사유를 알려 달라는 전화도 이제는 이상하지 않을 정도다. 심지어 자녀가 취업 때문에 너무 고생하고 있으니 잘 봐달라고 부탁해서 담당자를 당황케 하는 경우도 있다. 인적성이나 면접 시험장까지 부모가 데려다 주는 모습도 늘었다. 그러나, 이 모든 사항들을 회사에서는 좋게 보지 않는다. 괜시리 챙겨준다고 나섰다가 오히려 자녀에게 불이익만 줄 수 있다.

그렇다면 부모는 이 험난한 취업 과정에서 어떻게 스트레스 유발자나 마마보이의 부모가 아닌 함께하는 동반자가 되어 줄 수 있을까? 연이은 탈락 소식에 힘겨워하며, 축 처진 어깨로 무거운 가방을 메고 토익 학원으로, 스터디로 다니는 자녀를 측은하게 바라보기만 하는 것은 이제 그만 하자. 자녀의 취업을 위해 학원비를 쥐어주거나, 면접용 정장을 골라 주는 것만이 부모가 할 수 있는 다가 아니다. 취업준비생 자녀의 아픔에도 공감할 수 있으려면 하나라도 아는 게 있어야 한다. 이제는 부모도 왜 '자녀가 취업이 어려운지, 채용 절차는 어떻게 돌아가는지, 취업 준비를 위해 어떻게 준비해야 하는지' 알아야 하는 때가 되었다. 스트레스 유발자가 아니라 자녀의 취업 고민을 이해하고, 함께 대안을 찾아가는 취업준비생 부모가 되어야 한다. 적극적 소통자가 되고, 멘토가 되어야 할 때가 된 것이다. 구체적인 면에 있어서도 도움이 될 수 있다. 예를 들어 취업을 위해서는 회사와 직무에 대한 살아있는 정보가 필요하다. 그런데, 취업준비생 위치에서는 인맥에 한계가 있다. 이를 위해 주변의 네트워크를 통해 자녀가 희망하는 회사나 직무에 대한 정보를 현직 근무자로부터 얻을 수 있는 기회를 만들어 줄 수도 있다. 취업 청탁이 아니라 취업에 필요한 올바른 정보를 얻을 수 있는 기회를 주는 것이다. 또한, 부모가 취업에 대해 안다면 쓸데 없는 돈을 쓰지 않을 수 있다. 요즘 강남의 패키지화된 취업사교육은 최고 수백만 원을 호가한다고 한다. 자녀가 그 돈을 달라고 하면 그냥 덥석 줄 것인가? 입시 학원과 과외 선생은 그렇게 잘 골라 주었으면서 취업사교육에 대해서는 전혀 모르지 않는가? 부모도 따져보고 꼼꼼히 골라 줄 수 있어야 한다. 그것이 세상 무엇보다 귀한 내 자녀의 인생에 조금이라도 도움이 됨은 물론, 지금 당장 부모 자신의 피 같은 돈을 아껴주는 것이다. 등록금 마련하기에도 벅차 학자금 대출을 받는 마당에 이런 취업사교육 비용까지 늘어나게 되면 가뜩이나 빠듯한 가정 살림에 부담은 커질 수 밖에 없다. 아직 사회 경험이 부족한 자녀가 부실한 내용의 고액 취업사교육을 덥석 무는 일이 없도록 부모도 확인해야 한다. 토익이나 자격증 같은 스펙 쌓기에 취업준비생들이 쓰는 평균 비용만 해도 130만 4000원, 인문사회계열이 160만 9000원이라고 한다.(대학내일 20대연구소, 2015년 10월 발표 자료) 최근 들어 우후죽순으로 생겨나는 취업사교육은 더 심하다. 1회 30분 상담 비용만 10만원에, 자기소개서(이하 자소서)와 면접 1시간 지도의 경우 18만원을 요구하기도 한다. 3개월간 매달 40만 원씩 납부하는 방식도 있고, 단기속성 강의에 2~300만원을 부르는 곳도 있다고 한다. 올바른 취업 정보를 주는 곳도 있지만 수강한 학생들의 말을 보면 대부분 취업준비생의 불안함에 편승해 내용이 부실한 경우가 많다고 한다.(일요서울, 2015년 9월 25일자) 입시 전문가였던 부모들의 학원·과외 선별 능력 정도면 취업사교육 선별하는 것은 일도 아니라고 본다. 예를 들어 토익이나 자격증 등은 어떤 학원과 강사가 좋은지, 직접 듣는 학원 수강과 시간과 비용 절약을 위한 인터넷 강의가 좋은지 등도 충분히 알아 볼 수 있다. 또한, 자녀가 상담을 받는 취업컨설턴트가 대기업에서 채용 업무 경력이 있는지 챙겨 본다거나, 이 같이 어려운 취업준비생들의 사정을 이해하고 무료로 취업컨설팅을 해주는 곳을 찾는 것 등이 그것이다. 힘들어 하는 자녀를 다독이고, 소통을 위해서는 당연히 부모도 취업에 대해 알아야 한다. 다른 곳에서 자녀의 취업 멘토를 찾지 마라. 부모가 진정한 멘토가 되어야 한다.

우리 자녀가
취업이 안 되는
진짜 이유는?

부모들은 먼저 자녀가 취업이 안 되는 이유부터 알아야 한다. 그래야, 고생하는 자녀의 심정을 이해하고 도울 방법도 찾을 수 있다. 입시와 달리 부모가 해줄 수 있는 게 없다고 생각하지 말라. 자녀의 상황을 아는 것만으로도 때로 큰 힘이 된다는 것을 잊지 말자.

Part 01

경제난?
나라가 부도 났을 때도
사람은 뽑았다

앞서 말했듯이 2015년 현재 전국 청년 3명 중 1명은 사실상 '실업' 상태라고 한다. 이런 원인에 대해 많은 사람들이 우리나라 경제가 구조적 저성장에 빠져 있기 때문이라고 한다. 한국 경제를 떠받치고 있는 중국 경제가 불안하다고 한다. 미국이 환율과 금리 기침만 해도 우리나라는 폐렴에 걸린다고 한다. 지금까지 쉼 없이 달려온 대한민국 호의 성장 엔진이 식고 있다고도 한다. 이러한 것이 청년 실업의 원인, 취업이 안 되는 이유들이라고 한다. 맞는 말이다. 그런데, 이런 상황에서도 취업이 되는 사람은 된다.

부모들은 잘 알겠지만 취업준비생들은 상상하기 어려운 시절인 90년대 중반만 해도 그야말로 회사를 골라서 가던 때였다. 한 사람이 여러 대기업의 지원서를 몇 장씩 들고 어디 갈까 고민하던 시절이었다. 공부와는 담을 쌓고 지내던 선배 한 명이 당시 5대 시중 은행(조흥, 상업, 제일, 한일, 서울)이 아닌 은행을 갔다고 푸념한 적이 있을 정도였다. 지금은 있을 수조차 없는 일이다. 기업들은 쉼 없이 많은 사람을 뽑았고, 채용 수요 대비 공급이 모자란 상황이었다. 그로부터 얼마 지나지 않아 IMF가 왔고, 그 시절은 이제 전설로만 전해져 내려오고 있다. 일개 기업이 부도가 나도 힘든데 국가가 부도가 났으니 오죽했겠는가? 실업자와 노숙자가 넘쳐났다. 성실한 가장과 회사원, 사장님이었던 사람들이 하루 아침에 일자리와 사업장을 잃고 거리로 내몰렸다. 30대 그룹 중 절반이 망했다. 그런데, 그 와중에도 기업은 사람을 뽑았고 누군가는 취업을 했다. 이에 대해 그때는 우리나라만 힘들었고 곧 경기가 회복되었는데, 지금은 세계가 어렵고 장기 침체라고 반박하기도 한다. 맞는 얘기다. 그렇지만 그보다 더 악조건 하에서도 누군가는 취업을 한다. 아마 전쟁이 일어나도 누군가는 취업 할 것이다. 그 누군가가 당신의 자녀가 되어야 하지 않겠는가? 천재지변이 나도 일할 사람은 필요하고, 뽑아야 한다. 그 자리를 내 자녀가 채우길 누구보다 바랄 것이다.

취업이 어려운 이유에 대해 더 이상 경제난 같은 누구나 할 수 있는 하나마나 한 얘기로 귀한 시간을 뺏고 싶지 않다. 기업과 취업 현장에서 바라본 취업이 안 되는 현실적인 이유는 기업과 취업준비생의 문제가 어우러져 '시너지효과'(?)를 내기 때문이다. 상황이 이러한데도 그저 성실하고 열심히 준비하는 것은 의미가 없다. 이제는 취업준비생의 부모도 취업 시장이 어떻게 돌아가고 있는 지와 정확한 취업정보를 알아야 한다.

Part 02.

불명확한 자격요건과 채용인원

　'우리나라 채용시장은 ○○○○다'라는 문장에서 공란에는 어떤 단어가 들어가야 할까? 취업준비생들에게 묻자 내 놓은 답들은 '엉망이다, 모르겠다, 전쟁이다' 등등 제각각 이었다.

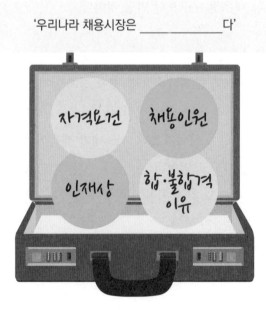

'우리나라 채용시장은 ＿＿＿＿＿＿다'

자격요건　채용인원　인재상　합·불합격 이유

필자가 말하고자 답은 '블랙박스'다. 차에 달려있는 블랙박스가 아닌 말 그대로 속을 알 수 없는 까만 상자라는 것이다. 왜일까? 기업이 표방하는 인재상, 채용 시에 공지하는 자격요건, 채용인원 등이 불분명하기 때문이다. 그리고 무엇보다 가장 중요한 합격과 불합격 이유를 알 수 없기 때문이다. 아래에서는 이에 대해 차례대로 살펴보고자 한다.

대부분의 기업에서 제시하는 자격요건은 '4년제졸 이상 또는 졸업예정자, 해외여행 결격사유가 없는 자, 병역필 또는 면제자, 최근 2년 내 영어시험 점수 보유자, 당사 인재상에 부합하는 자, 모집인원 000명'과 같이 채용공고를 내고 있다. 이런 채용 공고는 지난 수십 년간 큰 변화 없이 이어져 오고 있다. 세상은 변하고 기술은 더 빨리 변했는데도 영어 정도만 추가 됐을 뿐 크게 달라진 것이 없다. 구체적 전공이나 기술이 필요한 R&D나 생산 등 이공계열은 그나마 좀 나은 편이다. 이처럼 자격요건이 구체적이지 않다 보니 취업준비생들은 어차피 돈 드는 일도 아닌데 일단 넣고 보자는 식이 된다. 1명 모집에 100명이 몰린, 즉 경쟁률이 100대 1이라면 실질경쟁률은 얼마나 될까? 필자의 경험으로 볼 때 20대 1 정도가 되는 듯하다. 100명중의 50명은 아예 최소한의 자격요건도 안 되면서도 일단 넣고 보자는 묻지마 지원 내지는 배짱지원이다. 여기서 말하는 자격요건이란 채용공고에 공개되지 않은 기업 내부적인 채용 기준을 의미한다. 나머지 30명은 아쉽게도 지원자격에 조금 모자라는 지원자들로 1차 서류 탈락 대상이다. 즉, 80명은 아예 자소서가 읽힐 기회조차 없는 것이다. 자소서 심사 대상이 된 20명 중에 5명 정도가 면접에서 만나볼 만한 사람이고, 면접대상자 중에서 1명 내지 우수한 자원이 있을 경우 추가로 1명 정도를 더 뽑게 된다. 한국경영자총협회의 '2015년 신입사원 채용실태 조사'에 따르면 2013년 28.6:1이었던 경쟁률은 2년 만에 32.3:1로 12.9% 증가했다고 한다. 100명의 지원자 중 3.1명만 최종합격 한다는 통계로서 필자의 주장과 크게 다르지 않음을 알 수 있다. 경쟁은 갈수록 치열해 지는데 비해 자격요건은 불명확하니 더 혼전이 벌어지게 된다. 자격요건뿐만 아니라 채용 인원도 명확하게 제시되고 있지 않다. 이 또한 많은 취업준비생이 몰리게 되는 원인 중의 하나다.

기업에서 지금보다 조금만 더 자격요건과 채용인원을 명확히 해준다면 지원자 입장에서도 헛걸음이나 막무가내 식 지원은 크게 줄어들 것이다. 기업에서도 허수지원에 따른 시간과 자원의 낭비를 막을 수 있다. 이런 부분은 민간 기업보다 공공부분이 앞서는 것이 아이러니 하다. 최근 들어 공공기관은 국가직무능력표준(NCS) 기반의 채용을 하고 있어 민간기업 보다 구체적인 요건을 내세우고 있다. 이에 대해서는 뒤에서 보다 자세히 이야기 하고자 한다. 현재 중견기업 이상에서는 거의 대부분 직무와 역량에 대한 분석이 이루어져 있는 것으로 알고 있다. 이를 일부분만이라도 활용해서 채용공지 시 자격요건으로 명시해준다면 취업준비생이나 기업 모두 보다 효율적인 인재 선발이 될 것이다.

또 한가지는 기업의 인재상이 천편일률적이라는 것이다. 직접 주요 기업의 홈페이지에 들어가서 인재상을 찾아보라. 거의 대부분의 기업에서 '도전, 열정, 꿈, 창의, 혁신, 글로벌감각, 소통' 등을 보게 될 것이다. 인재상이란 회사에서 지향하는 가치관과 같은 생각을 가진 사람을 말한다. 회사마다 같을 수가 없다. 그런데, 저마다 다른 업종과 역사, 경영자에도 불구하고 내세우는 인재의 이상적인 모습은 왜 이리도 닮아 있는 것일까? 그러다 보니 이 회사 저 회사 이름만 바꿔내도 문장 흐름이 전혀 이상해지지 않는 지원서의 '복붙'(복사해서 붙인다는 뜻, 그대로 베껴옴을 의미)이 가능하게 된다. 이 때문에 인재상에 부합하는 사람만 지원하는 것이 아니라 회사와 맞지 않는 전혀 엉뚱한 지원자도 생기게 되는 것이다.

Part 03.

아무도 모르는
합·불합격 원인

　거의 모든 기업에서는 탈락이든 합격이든 이유를 알려주지 않는다. 취업준비생은 채용 결정 방식이 어떤 것인지도 모르고, 기업에서 알려주지 않으니 자신이 왜 탈락했는지, 합격했는지 알 도리가 없다. 이런 이유로 어떤 국회의원은 '채용 절차의 공정화 법률 개정안'을 발의하기도 했다. 필기와 면접시험에 불합격한 구직자에게 그 사유에 대해 통보할 의무를 신설하자는 것이다. 법안의 취지와 실효성은 차치하더라도 그만큼 채용절차는 블랙박스임을 말해주는 것이다. 주요 유권자인 부모들이 자녀 취업에 관심이 많아 질수록 이 같은 법안의 발의가 자주 이루어질 것으로 예상된다. 그러나, 현실적으로 탈락 사유 공개는 자격요건 보다 공개하기 어려운 점이 있는 것이 사실이다. 채용 심사라는 것이 아무리 객관화한다고 해도 주관성을 벗어날 수 없는 태생적 한계를 지니고 있기 때문이다. 단적으로 한 사람의 기획력이 다른 사람보다 정확하게 5점이 차이 난다는 것을 어떻게 입증할 수 있겠는가? 임원의 눈으로 볼 때 회사에 오래 다닐 사람이 따로 있다는 것을 어떻게 밝힐 수 있느냐는 말이다. 상대적으로 객관적이라고 할 수 있는 인적성검사 역시 어떤 문제가 맞았고 틀렸는지 취업준비생은 알 수 없다. 그저 추측만 할 뿐이다.

　이 같은 채용의 블랙박스적 특성 때문에 취업준비생들은 자의적으로 합격과 불합격의 원인을 해석하게 된다. 탈락자는 가장 손쉽게 생각해낼 수 있는 요인, 즉 스펙 때문에 떨어진 것으로 오해하고 애끊은 스펙 늘리기에만 전념하게 된다. 이것이 스펙 전쟁이 되는 이유 중의 하나다. 합격자는 합격의 이유도 모르면서 자신의 부족한 자소서나 면접 답변을 합격 답안이라고 자랑하고 있다. 둘 다 문제다. 부모는 자녀가 탈락 원인도 모르면서 스펙 쌓기에 시간과 돈을 쓰는 것은 아닌지 알 필요가 있다.

Part 04.

취업 준비하기엔
너무 늦은 그 이름,
4학년

'우리 아이는 알아서 취업준비 잘 하고 있어서 걱정 없어요'라는 부모에게 아래 숫자를 보여 주고자 한다. 취업준비생의 67.2%, 신입사원의 77.4%. 이 숫자가 무엇을 뜻하는지 아는가? 4학년이 되어서야 취업을 준비하는 취업준비생의 비율이라고 한다. 더 충격적인 사실은 심지어 졸업생의 42.3%가 '대학 졸업 후'에 취업을 본격적으로 준비한다고 한다. (대통령 직속 청년위원회, 청년구직자 취업준비 실태 보고서, 2015년 7월) 당신의 믿음직한 자녀도 3학년까지는 어영부영하다가 4학년이 되어서야 부랴부랴 취업 준비에 나서고 있는 것이다. 이 같은 늦은 취업 준비가 요즘 같은 때에 취업을 더 어렵게 만드는 이유 중의 하나다.

혹시 통계를 보고 대다수가 4학년이 되어서야 취업을 준비했다고 하니 그 때 준비해도 되겠다고 오해하는 사람이 있을 까봐 그에 대한 설명을 덧붙이고자 한다. 조사에서는 내용이 나타나지 않았지만 늦게 취업 준비를 시작한 만큼 준비가 힘들고, 취업이 안 되는 것이다. 운 좋게 취업이 됐다 하더라도 자신이 원하는 기업과 직무가 아닐 가능성이 높다. 신입사원의 1/3에 가까운 인원이 1년 내(경총, 2014년 신입사원 채용실태 조사), 2/3가 2년 내 퇴사(한국고용정보원, 2015년 보고서)한다는 통계가 이를 간접적으로 말해주고 있다. 그들 대부분이 급하게 취업 준비에 몰리면서 나타난 결과로 보인다. 이어지는 취업준비생들의 이야기는 이 같은 생각이 틀리지 않았음을 보여주고 있다. "일단 1~2학년 때는 공부에서 해방되었으니 취업 생각은 하고 싶지 않아요. 그런데 막상 4학년이 되어 급해지면 어학이나 컴퓨터 관련 자격증 등 남들이 준비하는 것부터 준비해서 여기저기 원서를 넣게 되는 것 같아요.", "입사 전에 100군데 이상 지원했던 것 같아요. 지원할 때 아무런 기준 없이 똑같은 자기소개서를 가지고 여러 기업에 무작정 지원했어요. 제 자신에 대해서도 선호하는 기업에 대해서도 명확한 기준이 없었죠."라는 대통령 직속 청년위원회가 발간한 보고서 속의 취업준비생들의 이야기는 그 동안 필자가 만난 대학생들의 그것과 정확히 일치하고 있다. 이 말대로라면 3학년까지는 밝은 대학생이다가 갑자기 4학년이 되어서 아픈 청춘이 되는 것인가? 취업이 안 돼서 절망이라는 청춘은 다른 나라 사람들 이야기인가?

입시는 시험 준비뿐만 아니라 학생과 학부모가 고1 되자 마자 원하는 대학교의 자소서 항목을 구해서 작성해 볼 정도로 열성적이다. 그렇게 최소 3년 이상을 준비한다. 요즘은 초등학생 때부터 SKY나 해외대 입학을 목표로 포트폴리오를 만든다고 한다. 그런데, 그보다 더 중요한 취업은 왜 4학년이 돼서도 부모들은 물론 학생 본인 조차 소홀한 것인가? 필자가 취업 컨설팅을 하면서 가장 의아한 것이 하나 있다. 대학을 가겠다는 학생치고 고2까지 놀다가 고3돼서 대입을 준비하는 학생은 없는데, 취업이 목표인 대학생은 입학하는 동시에 놀기 바쁜 것이 바로 그것이다. 그러다가 4학년이 되어서야 취업 준비를 한다. 정말 이해가 되지 않는 일이다. 대학에 입학하자마자 아니 입학 전부터 중장기 취업 플랜을 짜야 한다. 웃는 얼굴로 입학했다가 우는 얼굴로 졸업하는 게 요즘의 대학생들이다. 그런데도 취업준비생과 부모 모두 심각성을 모르고 왜 이렇게들 여유들을 부리는지 모르겠다. 늦게 준비하는 취업은 그만큼 취업을 어렵게 만들고, 취업재수생이나 반수생(다른 회사를 다니며 다시 취업 준비를 하는 사람)이 될 확률을 높인다. 입시는 재수생이라 하더라도 큰 제약이나 차별이 없다. 오히려 1년 더 공부해서 좋은 성적을 거두고 과거의 실수를 만회하는 경우도 많다. 같은 학교를 다시 지원하는데도 전혀 문제가 없고, 나이가 많다고 불이익을 받는 경우도 없다. 그러나, 취업은 차별 금지법과 여론 때문에 기업에서 드러내놓고 말은 못하지만 취업재수생을 보는 시각은 좋지 않다. 공개적으로는 나이에 따른 차별을 두지 않는다고 하지만 대부분의 기업에서 공개하지 않는 자격제한 요건 1순위가 바로 '나이'다. 지원자 나이 제한 평균은 남자는 32세, 여자는 31세라고 한다. 뒤이어 '성별', '전공' 순이었다.(뉴스토마토, 2015년 10월 5일자) 성과주의가 많이 보급되었다고는 하지만 아직까지 우리나라는 연공서열 문화가 강하다. 따라서 기존 선임 사원보다 나이가 같거나 많은 직원이 후임으로 올 경우 부담스러운 것도 취업재수생을 꺼리게 만드는 이유 중의 하나다. 과거 탈락자가 재 지원 할 경우 아예 지원 자체를 시스템으로 원천적으로 막거나 불이익을 주는 경우도 있음을 알아야 한다.

취업도 이제 입시처럼 대학 입학하자마자 자녀와 부모가 함께 졸업 전 취업을 목표로 일정표부터 짜야 한다. 취업 시즌 닥쳐서 고민하지 말고 진작부터 절실하게 준비해야 한다. 대학교 들어 갔다고 좋아하는 것은 3개월이면 족하다. 뒤늦게 4학년 때 취업 전선에 뛰어들어 고생하지 않으려면 미리미리 준비해야 한다. 그래야 졸업식에서 부모와 자녀가 함께 환하게 웃을 수 있다. 1학년 때부터 머리를 맞대고 어떤 일을 어떤 회사에서 할 것인지를 구체적으로 생각해야 한다. 특히, 문과생, 여학생, 지방학생은 더욱 절실해야 한다. 자신의 강약점을 분석하고 희망기업에 맞춘 경험을 재학기간 동안 쌓아가야 한다. 남들처럼 해서는 남들만큼도 할 수 없다는 것을 분명히 알아야 한다.

Part 05.

취업 실패 책임이
부모에게도 있다고?

　이게 무슨 말이냐고 할 부모가 대부분일 것이다. 사실 이 이야기를 해야 하나 고민이 되었던 부분이다. 취업이 안 되는 원인 가운데 적지 않은 부분을 차지하지만 부모들에게는 민감한 쓴 소리일 수 있기 때문이었다. 그럼에도 불구하고 부모들도 알 필요가 있기에 기술하고자 하였다.

　대학 입시가 끝나고 합격자가 발표되면 각종 매체나 학원 광고, 입시 책자 등에 인문·어문계열이나 순수자연계열에 합격한 학생의 활짝 웃는 사진과 기사들이 나오곤 한다. 그 동안 입시 준비 과정과 합격 수기 등을 얘기하고 있다. 부모들도 이제 그 동안의 모든 수고에서 벗어나 자유로움을 만끽하게 된다. 그러나, 4~5년 뒤에도 그렇게 웃고 있을까? 웃음은 잠시 뿐이다. 취업에서는 웃지 못하고 풀죽은 얼굴로 토익이나 인적성 공부를 하고 있을 확률이 매우 높다. 본인도 본인이지만 부모의 속앓이도 엄청나다. 학벌이라도 낮으면 중소기업이라도 보내겠는데, 오히려 학벌이 짐이 되어 대기업이나 공기업 아니면 자존심이 상한다. 이렇게 취업이 어려운 전공과 학교를 선택하는데 부모도 일조했다고 하면 당연히 기분이 좋지 않을 것이다. 그러나, 입시 설명회에 가면 부모가 대부분이다. 학교와 전공 선택에 부모의 영향력이 적지 않은 것이 사실이다.

대학생과 대졸자 566명을 대상으로 실시한 조사에 의하면 응답자의 87.9%는 지금과 다른 학교와 전공을 선택할 의향이 있다고 답했다. 이유로는 '취업이 잘되는 학과 선택'과 '좋은 직장에 취업하기 위해'서가 도합 46%였다(중앙일보, 5월 21일자). 결국 절반에 가까운 수가 취업이 안 되는 전공을 하고 있으니 과를 바꾸고 싶다는 것이다. 물론 부모 말을 안 듣고 자기 고집대로 취업이 안 되는 학교와 전공을 택하는 경우도 있다. 성적에 맞추어 간 경우도 많다. 어찌됐건 이 선택에서 부모 역시 완전히 자유로울 수는 없다.

기업에서 가장 많이 따지는 '진정한 스펙' 중의 하나가 전공과 학교라고 할 수 있다(학교에 대해서는 뒤에서 더 자세히 설명하고자 한다). 기업은 돈을 버는 곳이지 학문을 하는 곳이 아니다. 인문학, 어문학, 순수자연계열, 예체능 등을 전공한다는 것은 이미 입학 시점에 경상계열이나 공대에 비해 상대적으로 취업과는 거리가 있다는 것을 알고 들어갔다고 볼 수 있지 않은가? 입학 때는 적성과 희망을 고려하고, 점수에 맞춰 가는 것이 중요했는데 취업 때는 이렇게 될지 몰랐다고 할 수도 있다. 입학이야 어쩔 수 없었다면, 재학 중에 경상계나 공학계 학생에 비해 몇 배의 노력을 기울었어야 하는데 과연 그렇게 했는가? 요즘 취업은 입학 시점에서 이미 많게는 반 이상이 결정 되었다고 할 수 있다. 서울 중위권 이상의 대학 경영학과 학생도 자리잡기가 어려운 실정에서 인문계의 고통은 두말하면 입이 아플 지경이다. 혹시 '인구론'이나 '문송합니다'라는 말을 들어보았는가? 인구론은 '인문계 출신자의 90%가 논(론)다'는 뜻이고, 문송합니다는 '문과라서 죄송합니다'라는 말이다. 부모들에게는 낯선 용어이지만 취업준비생들은 다 알고 있는 것들이다. '전화기'라는 말도 있다. 공대중에서도 취업이 잘되는 과인 전기전자, 화공, 기계를 묶어서 부르는 말이다. IMF 이전에는 취업이 문제 없는 시기였기에 적성이 중요했다. 부모들은 잘 알겠지만 우리나라 대학 입시 전체 수석은 거의 S대 물리학과였고 수학, 화학이나 생물 등 순수 학문에도 인재가 몰렸다. 의치한의대가 공대보다 낮은 경우도 많았지만 이상한 일이 아니었다. Y대 하면 떠오르는 최고 학과는 경영이 아닌 영문과였다. 그러던 것이 IMF이후로 전공 선택에 변화가 왔다. 하지만 그때까지도 지금과 같은 취업 빙하기는 아니었기에 주로 의치한의대 계열과 법대의 인기가 높아진 정도였다. 2008년 미국발 금융위기와 2011년 유럽발 금융위기가 왔지만 IMF만큼의 전공 선택의 변화는 크게 없었다. 최근 기업들이 인문학을 강조하고, 입사 시험에 역사 문제를 낼 만큼 인문학적 소양을 중시하고 있다. 그러나, 이것은 인문학적 소양을 지닌 경영경제, 공학 지식 보유자를 뽑으려는 것이지 인문학 전문가를 뽑으려는 것이 아니다. 당장 재무제표를 해석할 수 있고, 광고 효과분석을 할 수 있는 사람, 코딩을 하고 기기를 설계할 수 있는 엔지니어를 원하고 있다.

갈수록 기업들은 경력 사원 같은 신입 사원을 원하고 있다. 그렇다고 다른 직장을 다니다 올 수는 없는 일이기에 가장 중요한 기준은 결국 전공과 직무관련 경험이 된다. 이왕 들어간 전공은 어쩔 수 없다고 한다면 비 경상계, 비공학계 학생들은 복수전공이나 부전공을 하고, 직무 관련 경험과 지식으로 전공자를 뛰어 넘어야 한다. 1학년 때부터 기업이나 직무에 상관없이 보편적으로 필요한 토익과 학점 관리를 해야 한다. 학년이 올라갈수록 직무와 기업을 좁혀가고 그에 맞는 준비를 철저히 해야 한다. 부모들은 자녀의 진로 결정은 물론 재학 중에도 취업을 위한 노력을 소홀히 한 것을 보고만 있지는 않았는가? 지금부터라도 자녀의 전공과 취업에 좀더 관심을 가져야 할 필요가 있다.

memo

지금 당장
자녀의 토익 책을
내다 버려라

　자녀가 토익 책을 보거나 자격증 공부를 하고 있으면 대부분의 부모들은 '우리 애가 열심히 취업 공부하느라 고생이 많구나' 하면서 대견해 할 것이다. 이제 그런 생각을 버리자. 자녀가 그런 공부를 하고 있다면 가서 물어 봐야 한다. '너 왜 토익 공부하니, 자격증 준비는 왜 하니?'라고. 어떤 시험이건 간에 점수는 높을수록 좋다. 취업도 다를 바 없다. 적성검사는 회사에 따라 커트라인을 넘기기만 하면 되기도 하지만 그래도 높은 점수가 나쁠 건 없다. 자소서와 면접은 말할 나위 없다. 그런데, 토익, 자격증, 공모전은? 해외연수, 봉사활동, 인성검사는? 만점 맞으면 좋은 게 아니라 필요한 부분에서 최소 수준만 넘기만 된다. 또한, 노력해서 고득점 내지 만점을 받는다면야 좋지만 제약조건이 있다. 시간과 비용, 능력이 한정돼 있다. 나오지 않는 고득점을 향해 앞뒤 가리지 않고 질주한다. 더 심각한 것은 심지어 그것이 취업하고자 하는 기업과 직무에서 에 꼭 필요로 하는 항목인지 조차 모르고 준비한다는 것이다.

　많은 취업준비생이 불필요한 취업 공부를 과하게 하고 있다. 취업 공부에 대한 오해 탓이다. 극단적인 표현이지만 자녀의 토익 점수가 일정 수준 이상이라면 당장 토익 책을 내다버리라고 까지 하는 것도 바로 이런 이유 때문이다. 중요한 것은 무작정 점수 따는 것이 아니라 어떤 부분에 대한 취업 공부가 필요하며, 왜 그 부분에 높은 점수가 필요한지를 아는 것이다. 수능 아랍어와 같이 무조건 도전해도 좋은 것이 있는 반면, 취업 공부는 절대 그렇지 않음을 알아야 한다. 토익, 자격증, 공모전, 봉사활동 같은 스펙을 내신과 학생부에 비유한다면 인적성, 자소서, 면접은 수능에 비유 될 수 있다. 둘 중에 어느 것에 신경을 써야 할까? 수시가 점점 중시되는 입시와 달리 취업은 수능이 중시된다. 입시를 경험해 본 부모라면 무슨 말인지 이해됐을 것이다.

가장 안타까운 학생들이 누군지 아는가? 기업분석은 하지 않고 필요 없는 민간자격증을 따고, 봉사활동 다니는 학생들이다. 4학년 2학기까지 학점 관리하고 토익 공부하는 학생들도 마찬가지다. 토익은 2년 전 성적까지 인정하니 3학년까지 마쳐놓고 학점도 최소한 4학년 1학기까지 마쳐야 한다. 빠르면 9월부터 시작되는 공채 시즌에 맞게 모든 플랜과 스케줄이 가동되어야 함에도 많은 학생들이 넋놓고 있다가 가을 찬바람이 부는데도 토익 책을 붙잡고 있다. 입사 희망 기업과 직무에서 정말로 요구되는 역량이 무엇인지 모르는 취업준비생도 대다수다. 채용 전형이 가까워 올수록 스펙이 아닌 기업 분석과 자기분석에 시간 안배를 늘려야 한다. 스펙 같은 요건들은 미리 다 마쳐 놓고 차분하게 입사에 필요한 분석과 정리를 해야 한다. 직무 관련 정보를 모으고, 경험을 쌓는데 시간을 들여야 한다. 부모 역시 이런 것을 모르고 있으니 4학년 2학기에도 토익 공부하는 자녀를 대견하게 바라보게 되는 것이다.

또한, 취업준비생 부모들이 속이 터질 일이 또 하나 있다. 취업준비생들끼리 모인 인터넷 카페나 SNS 등을 통해 불확실한 채용정보를 공유하면서 취업을 준비하는 것이 바로 그것이다. 인터넷 취업 카페 게시판에 "제 스펙 정도면 ○○ 기업에 갈 수 있을까요?"라고 물으면 "토익과 자격증을 높여야 합니다. 한국사도 공부하고요."라고 답글이 올라온다. 그러면, "님 말씀처럼 그래야겠네요. 정말 감사합니다."라고 인사한다. "이번에 ○○그룹 공채 합격한 사람입니다. 합격자소서를 올리니 참고하세요."라는 글이 올라오면, "좋은 자료 정말 감사합니다. 복 받으실 거예요."라고 반갑게 대한다. 이 모두 취업준비생 자신들끼리 질문하고 답을 달면서 취업을 준비해가는 모습이다. 만일 같은 고3 수험생들끼리 자신들만의 인터넷 카페에서 얻는 정보로 입시 준비를 한다고 생각해보라. 어느 부모가 가만 있겠는가? 그런데 취업 준비에서는 이런 말도 안 되는 일이 실제로 벌어지고 있다. 취업합격생이라고 하면서 취업 노하우를 가르쳐 준다고 나서는 당사자는 취업이 확실한지도 불명확하고, 취업이 됐다 해도 정작 본인 조차 어떻게 붙었는지도 모르는 사람이다. 아래에서는 취업준비생들이 많이 갖고 있는 취업에 대한 오해들을 이야기 하고 있다. 부모들은 이 같은 자녀들의 오해를 깨주어야 한다. 그래야 취업 성공에 한 발 더 다가갈 수 있다.

Part 01.

스펙이 높을수록
취업에 유리하다는
자녀의 환상을 깨라

지금처럼 스펙 열풍이 부는 이유는 스펙이 좋으면 취업에 유리할 것이란 믿음이 있기 때문이다. 많은 부모 역시 내 자녀가 높은 학점과 토익 점수, 자격증, 공모전, 인턴, 사회봉사 등을 갖추면 취업에 유리하다고 생각할 것이다. 그래서 그런 곳에 자녀가 시간과 돈을 쓰겠다면 아낌 없이 지원해 주고 있다.

높은 스펙 ➡ 취업 가능성 높음

스펙은 직무와 연계된 것도 있고 그렇지 않은 것도 있다. 영어를 많이 쓰는 업무에서는 당연히 영어가 스펙이 되고, 회계 관련 자격증은 재무회계 업무를 효과적으로 처리 하는데 도움이 될 수 있다.

따라서 아래처럼 스펙은 직무관련성이 있을 때만이 유효하다.

직무관련성 높은 스펙 ➡ 취업 가능성 높음

문제는 대부분의 취업준비생들이 어떤 스펙이 지원 직무와 관련이 있고 없는지에 대한 정보가 부족하다는 것이다. 일단 토익 점수는 높을수록, 자격증은 많을수록 유리하다고 생각한다. 인사팀에 들어가려면 어떤 자격증이 필요하냐고 묻는 학생이 있었다. 학생이기에 잘 몰라서 하는 질문이라 생각했지만 솔직히 안타까웠다. 인사팀에서 신입에게 자격증을 요구하는 회사는 없다고 봐도 좋다. 신입사원에게 자격증을 필요로 하는 인사팀이 있으면 한번 만나보고 싶다. 노무사 자격증이 있으면 우대하지 않느냐고 반문할 수도 있다. 요즘 노무사는 단순한 자격증이 아니라 거의 고시 수준이라 얼마 안 되는 가점을 따기 위해 투자하기에는 너무나 많은 자원이 소모된다. 또한 순수 인사 업무와 노무 업무는 성격이 다르다. 실제 일을 해보면 너무나 간단히 알 수 있는 문제지만 취업준비생 입장에서는 자격증이 있으면 경쟁자보다 앞설 수 있을 것처럼 보인다. 그렇다면 왜 인사팀은 신입을 뽑을 때 자격증을 요구하지 않을까? 너무나 단순하다. 업무에 필요 없기 때문이다.

토익 점수는 일부 직무를 제외하고는 회사에서 정한 기준점만 넘기면 되고, 학점도 일정 수준 이상이면 된다. 그럼에도 '학점이 3.7인데 4.0 넘어야 되겠죠?', '토익이 850인데 890 맞으려고 열공 중입니다.'라는 취업준비생들을 보면 취업이 목적인지 스펙 쌓기가 목적인지 헷갈린다. 봉사활동, 공모전, 해외연수, 자격증 등도 마찬가지다. 스펙은 지원하는 회사와 직무에 직접 관련될 때 만이 효과를 발휘함에도 이를 모르고 무작정 덤벼들고 있다. 예전에는 스펙 좋은 사람이 많지 않아 희소성 차원에서 기업에서 선호한 때도 있었다. 그러나, 점차 스펙 좋다고 일 잘하는 게 아니라는 인식이 확산되었다. 스펙이 높다고 무조건 우대 하지 않는다. 아주 적은 가산점을 주거나, 일정 수준 이상은 모두 만점 처리 하는 방식을 갖고 있다.

혹시 지금 자녀가 자격증 준비를 하고 있다면 이렇게 물어보자. '어디에 쓸 자격증이니?'라고. 괜한 시간 낭비, 돈 낭비가 안 되도록 타이르는 것이 좋다. 기업에서는 다른 스펙보다 전공을 중시 한다고 앞서 말한 바 있다. 자녀가 인문이나 어문, 순수자연계열이라면 지금부터라도 경영학이나 공학을 복수전공이든 부전공이든 독학이든 간에 하라고 등을 떠밀길 바란다. 회사는 경영과 기술로 돌아가는 곳이다. 당장 일을 시킬 수 있는 사람이 필요하다. 또한, 직무 관련 역량과 경험을 갖춘 사람을 필요로 한다. 이것이 진정한 스펙이다. 많은 스펙이 중요한 것이 아니라 필요한 스펙이 중요한 것임을 자녀에게 일깨워 주도록 해야 한다.

Part 02.

자녀의 자소서에
열정이란 단어가 보이거든
모두 삭제하라

　결혼에 가장 필요 없는 조건은 무엇일까? 부모세대에는 안 그랬
겠지만 요즘의 답은 '사랑'이라는 우스개 소리가 있다. 그렇다면 취
업에 가장 필요 없는 조건은? '열정'이라고 한다면 의외라고 생각하
는가? 열정은 원래 좋은 의미를 가진 단어인데 최근 우리 사회에서
과잉소비 되고 있다. 열정페이라는 그 의미를 격하시키는 말까지 나
왔다. 물론 열정은 필요하다. 그러나, 그 열정은 '근거가 있는 냉정
한 열정'일 때에만 유효하다. 예를 들어 당신과 자녀가 함께 길을 지
나가는데 처음 본 이성이 갑자기 자녀에게 다가와서 '당신을 처음
본 순간 사랑에 빠졌다. 당신과 결혼하고 싶다. 이것은 나의 오랜 꿈
이었고, 추호도 없는 진심이다. 다른 이성은 눈에 들어오지도 않는
다. 이 열정을 믿어 달라!'고 한다면 어떻게 하겠는가? 정신 나간 사
람 취급하면서 뒤도 안 돌아 보고 가던 길을 갈 것이다. 주위의 도움
을 요청하여 뿌리칠 수 도 있다. 그런데, 이런 비정상적인 일들이 취
업 현장에서는 아무렇지도 않게 일어나고 있다. 당연히 그런 지원자
일수록 오히려 부족한 경우가 많다. 꿈이니, 희망이니, 도전이니 하

는 단어들도 마찬가지이다. 그래서 언제부터인가 필자는 지원서에 이런 단어들이 들어가 있으면 오히려 부정적으로 보게 되었다. 열정을 이야기 하는 지원자에게 회사와 직무를 위해 어떻게 준비해왔느냐고 물으면 당황하거나 평범한 경우가 많다. 열정이라는 단어 언급 한번 없이 담담하면서도 구체적으로 지원 회사와 직무에 대해 준비해 온 근거를 제시하는 지원자가 돋보이는 순간이다.

아래는 2014년 초에 삼성그룹에서 발표하여 논란이 되었던 '대학별 총장 추천 할당 인원표'다. 이것을 보고 무엇을 느꼈는가? '학력차별', '1등만 기억하는 더러운 세상'이니 하면서 분개 하였는가? 성균관대야 삼성이 운영하는 학교이고, 서울대는 최상위권 학교이니까 그렇다 치자. 그런데, 한양대는 연고대를 넘어 무려 110명이다. 이에 비해 성공회대는 4명이다. 무려 28배에 가까운 차이다. 같은 대한민국 젊은이로서 성공회대나 한양대가 학벌 차이가 난다 해도 이렇게 날 수가 있는가? 수능 점수도 이정도 까지 차이가 나지는 않는다. 자녀가 배정 인원 하위권에 속한 대학교에 재학 중이라면 부모라면 더욱 분통이 터질 것이다. 필자는 인사관련자로서 성공회대생이 한양대생보다 열정과 도전, 꿈만 본다면 더 뛰어난 젊은이들이 많으면 많았지 적지 않다고 본다. 열정과 도전, 꿈이 선발 기준이라면 성공회대가 500명은 뽑혀야 된다고 본다. 그런데, 왜 삼성은 30배 가까이나 적게 추천 할당을 했을까?

[삼성 신입채용 대학총장 추천 인원 할당 현황]

(단위 : 명)

성균관대	115	전남대	40	숙명여대	20	삼육대	10
서울대	110	동국대	40	한동대	20	강남대	10
한양대	110	광운대	35	성신여대	15	목포대	10
경북대	100	전북대	30	서울여대	15	호남대	10
고려대	100	서울시립대	30	상명대	15	제주대	10
연세대	100	이화여대	30	인천대	15	한밭대	10
부산대	90	한국외대	30	명지대	15	한예종	8
인하대	70	숭실대	30	가천대	15	동신대	8
경희대	60	단국대	30	동덕여대	13	건양대	8
건국대	50	국민대	25	창원대	12	대전대	8
영남대	45	동아대	25	한성대	12	우송대	6
부경대	45	강원대	20	경남대	10	한세대	6
중앙대	45	경상대	20	대구대	10	성공회대	4
아주대	45	세종대	20	덕성여대	10	(출처 : 한국대학신문)	

(한국대학신문, 2014년 1월 27일자)

우선 삼성이 어떤 조직인지 생각해 보자. 누가 뭐래도 세계에서 내로라 할 성과위주의 기업이다. 수치화 되지 않고 검증되지 않으면 움직이지 않는 회사다. 강을 건너려고 하는데 돌다리가 놓여 있을 때 기업별로 보이는 반응에 대한 농담이 있다. 일반 기업은 돌다리를 한 번 두들겨보고 건너고, 모 그룹은 안 두드리고 뛰어서 건너간다고 한다. 이에 비해 삼성은 두 번 세 번 두들기고, 다른 사람이 건너가는 것까지 확인하는 것도 모자라 다리가 무너질 경우에 대비한 차선책이 있을 때에야 비로소 건넌다고 한다. 그런 삼성이 이런 서열화를 명확한 근거 없이 대충 정하고 공개했을리 없다. 모르긴 몰라도 수십 년 간의 기업 경영 경험, 채용과 업무와의 상관관계 등을 분석한 데이터를 바탕으로 하였을 것이다. 삼성 관계자 역시 '오랜 채용 데이터와 대학별 전체 정원수, 공대 졸업자수, 삼성입사자 수 등 다양한 데이터를 통해 추천인수를 정한 것'이라고 밝힌 바 있다. 하지만 결국에는 사회적 논란 속에 2014년 채용부터 도입할 예정이었으나 철회되었다. 대학서열화, 지역 차별, 여대 차별 등 온갖 논란에 휩싸이며 여론이 급격히 악화된 탓이다. 방법상의 옳고 그름을 떠나 기업에서 이런 정책을 실시하게 된 배경도 한 번쯤은 생각해 볼 필요가 있다.

내 자녀의 취업에 대한 열정은 어느 다른 취업준비생 보다 결코 낮지 않다. 취업 열정만 본다면 삼성 아니라 그 이상의 회사에 입사하고도 남을 정도다. 그러나, 그 열정은 근거가 있을 때만이 유효하다. 근거 없는 자기만의 열정은 세상 누구도 귀 기울여 주지 않는 공허한 외침일 뿐이다. 자녀의 자소서를 살펴보고 열정이란 단어가 들어가 있다면 당장 모두 삭제하라고 얘기하라. 그러면서 이 이야기도 같이 해주자. '채용담당자는 열정이란 단어에 피로감을 느낀다. 아무런 느낌도 받지 못한다. 한 사람이 열정이란 단어를 3번씩만 써도 천명이면 3천번이나 그 단어를 보아야 한다.'고. '창의, 도전, 꿈, 희망, 비전, 누구 못지 않게, 값진 경험' 등도 모두 같다. 이런 단어 대신에 기업의 경영전략이나, 시장, 고객, 마케팅, 기술에 대한 용어를 쓰게 하라. 열정은 반드시 필요하다. 그러나, 반드시 객관적이고 냉정한 근거가 필요하다. 근거 없이 열정 하나만으로 자신을 뽑아달라고 강변하는 취업준비생은 길에서 다짜고짜 달려드는 이성과 다를 바 없다. 열정이라는 탄소는 근거가 있을 때에 만이 다이아몬드가 된다. 그렇지 않다면 불쏘시개로 쓰이는 석탄에 불과할 뿐이다. 내 자녀의 열정이 석탄인지 다이아몬드인지 유심히 살펴보길 권한다.

Part 03

합격 수기 중독에서
아들 딸을 건져내라

사람들은 태생적으로 우연을 싫어하고 원인을 찾고 싶어한다고 한다. 어떤 일이 발생했을 때 그것이 순전히 우연으로 일어날 수 있는 것임에도 원인을 붙이고 싶어한다는 것이다. 예를 들어 어떤 상품이 히트를 친 경우 마침 유행을 잘 타서였을 수도 있는데, 경영자의 탁월한 안목이니 하는 원인을 갖다 붙이고자 하는 경향이 그것이다. 취업도 마찬가지다. 합격의 이유는 앞서 말한 바와 같이 블랙박스인데도 취업준비생들은 합격 수기를 보고 그것 때문에 합격했다고 생각하는 오류를 범한다. 많은 취업준비생들이 합격자에게서 힌트를 얻고자 하는데 잘못된 방법이다. 수능이나 고시, 자격 시험 같은 경우 누가 몇 점을 맞고 왜 붙고, 떨어졌는지 분명히 알 수 있다. 정답이 있고, 그것이 소수점 단위까지 공개되기 때문이다. 그러나, 취업은 다르다. 누가 어떻게 합격했는지는 아무도 모른다. 합격자 본인 조차 어떤 이유로 합격 했는지 인사팀 서류를 보기 전에는 알 수가 없다. 주관적인 평가가 이루어지는 면접이나 자소서는 물론 정답이 있는 적성검사 결과 조차 공개되지 않는다. 불합격자 입장에서는 무엇이 부족하고, 왜 떨어졌는지 알아야 다음에 준비를 할 수 있는데 알 도리가 없으니 답답하기만 할 뿐이다. 그런데, 인터넷 취업 카페 등에서 합격자소서나 합격 면접 답변이라는 글들이 게시되고 있고 많은 취업준비생이 이를 참조하고 있다. 정말 합격 답변일까 궁금하지 않을 수 없다.

예를 들어 자소서 총점 100점이 합격점이라고 치자. A지원자는 지원동기 30점, 직무관련 경험 70점, 총 100점으로 합격이다. 지원자 B는 지원동기 70점, 경험 10점, 총 80점으로 불합격이다. 이 경우 누구의 지원동기가 합격 지원 동기이고, 누구의 것이 탈락 지원동기인가? 합격자는 자신의 지원동기를 합격 답안이라고 자랑할 것이고, 불합격자는 전체 자소서 때문에 떨어졌다고 생각하고 지원동기 항목까지 불필요한 첨삭에 공을 들일 것이다. 면접도 마찬가지다. 여러 면접 질문들에 대해 취업준비생이 모두 완벽한 대답을 하기란 어렵다. 강약점은 아주 우수한 답을 했지만 미래 포부는 실망스런 답을 보이기도 한다. 그런데, 이 학생이 합격 후에 떡 하니 미래포부를 합격 수기로 올렸다면 이것이 모범 답변이겠는가? 취업준비생들은 이에 대해 잘 모르고 있다. 취업준비생들은 물론 부모들도 이점을 알고 합격 수기나 사례를 볼 때 신중해야만 한다. 상황이 이러함에도 인터넷이나 취업 카페 등에 보면 합격 자소서, 합격 면접 답변이라는 것들이 넘쳐난다. 채용 프로세스를 모르는 지원자와 이것을 잘못 알려주는 이들을 볼 때 안타까울 따름이다. 어떤 취업준비생의 경우 이 같은 합격 수기에 빠져서 그것만 찾아 다닐 정도다. 이런 것에 현혹되어서는 안 된다. 자소서와 면접 준비에서 중요한 것은 합격 족보가 아니라 문제 파악 능력과 답변 능력이다. 자녀가 이 같은 합격수기 중독에 빠지지 않게 유의해야 한다. 만일 그렇다면 하루 빨리 건져내야 한다.

Chapter 03
지금 당장 자녀의 토익 책을 내다 버려라

도대체 회사는
어떤 절차와 기준으로
사람을 뽑나?

Part 01

채용 절차,
제대로 알고 지원하자

:: **일반적인 채용 프로세스**

　대기업과 중견기업의 경우 연말이 가까워 오면 내년도 사업계획 (매출, 투자, 합병, 신규사업 진출·철수, 구조조정 등)을 수립하고 이에 따른 각 본부별 목표를 마련한다. 회사의 인원인건비 계획도 이때 나온다. 각 부서에서는 입퇴사 및 승진이동 예상 인원, 업무량, 직무 분석 등의 정보를 정리하여 인사팀에 전달한다. 인사팀에서는 이를 취합된 정보를 바탕으로 전사 인력소요계획을 만들어 경영진에 보고하게 된다. 이렇게 회사 목표와 부서 필요를 통합하는 과정을 거쳐 차년도 인력 수요(+ or -)를 예상 산정하게 된다. 대졸 공채 모집 분야와 인원의 결정은 이를 바탕으로 한다. 중소기업에서는 사업계획 보다는 현업 부서의 요청에 따라 채용이 결정되는 경우가 많다.

:: **대기업**

소요인력 예측

년간 사업계획, 인력구조 분석(입퇴사, 이동 예상), 부서별 필요 인력

⬇

충원 규모 및 자격 요건 확정

⬇

충원 방법 결정(공채, 수시채용 등)

⬇

채용 진행

채용 인원 및 스펙 확정 ➡ 채용 공고 ➡ 서류 접수 ➡ 서류 심사 및 합격자 발표 ➡ 인적성 검사 ➡ 면접 대상자 발표 ➡ 1차 실무 면접 ➡ 2차 임원면접(+ 추가 면접) ➡ 신체 검사 ➡ 합격 발표

　　최근에는 PT면접, 토론면접이 추가되기도 하고, 예전에 비해 서류 접수에서부터 입사까지 걸리는 기간이 길어 졌다. 면접 방식 역시 단순히 질의 응답에서 벗어나 합숙까지 실시하는 경우도 있다. 공공기관의 경우 필요에 따라 신원조회를 하기도 한다.

:: 중소기업

채용수요 발생

채용 인력 스펙 확정 ➡ 채용 공고 ➡ 서류 접수 ➡ 인적성 검사 ➡
1차 실무 면접 ➡ 2차 임원(최종)면접 ➡ (신체 검사) ➡ 합격 발표

중소기업은 지원자 자체가 대규모가 아니고 시간이나 비용의 문제로 인해 인적성 검사를 생략하는 경우가 많다.

:: 서류전형은 네거티브 방식, 면접은 포지티브 방식, 인적성은 혼합식

채용 절차와 관련하여 알아두어야 할 중요한 사항이 있다. 그것은 바로 서류 전형, 면접, 인적성검사 각각 목적이 다르다는 것이다. 목적의 차이를 알고 임해야 효과적인 취업 준비가 된다. 서류전형의 취지는 일정 조건만 갖추면 이후의 과정으로 넘어가는 것이다. 이를 네거티브 방식이라고 한다. 쉽게 말해 서류 100점을 받는다고 해서 최종 합격하는 것은 아니다. 그러나, 면접에서 100점을 받으면 거의 합격이나 마찬가지다. 면접은 포지티브 방식으로서 꼭 합격시켜야 할 사람만 뽑기 때문이다. 서류의 목적은 부적격자를 탈락시키고 면접대상자를 고르기 위함이다. 면접은 적격자를 골라내는 것이 목적이다. 물론, 서류를 통과해야 면접을 볼 자격도 주어진다. 하지만 서류는 커트라인만 넘으면 되지만 면접은 합격점을 받아야 한다는 것이 가장 큰 차이다. 예를 들어, 토익 점수 커트라인이 850이면 870이나 890이나 같다. 혹시 토익을 5점이나 10점 단위로 서열화해서

지원자들을 판단하는 회사가 있다면, 그것은 기업 마음이겠지만 그것이 어떤 의미를 가지며, 그렇게 하는 시간과 노력 대비 어떤 효과가 있는지 모르겠다. 즉, 그런 기업은 거의 없다고 봐야 한다. 따라서 토익 점수 10점 올리기 위해 많은 시간과 비용을 들이는 것은 소모적이라고 할 수 있다. 자소서도 마찬가지다. 자소서만으로는 최종 합격 여부를 판단하기 어려우므로 탈락자만 추려내는 것이다. 이처럼, 서류 전형과 같은 네거티브 방식의 평가에서는 최소 기준만 넘기면 되고, 면접과 같은 포지티브 평가에서는 최고점을 받도록 해야 한다. 면접이 갈수록 중요해지는 이유다. 합격의 결정적인 요소는 면접이라고 해도 크게 틀린 말은 아니다.

인적성의 경우에는 회사마다 차이가 있다. 삼성과 같이 적격자만 붙이는 형태가 있고, 롯데처럼 부적격자를 탈락시키는 방식이 있다. 어떤 방식이냐에 따라 난이도와 합격자 수가 달라지게 된다. 따라서, 취업준비생도 지원기업에 따라 인적성에 들이는 노력이 달라져야 한다. 인적성에 대해서는 관련 장에서 보다 자세히 이야기 하고자 한다.

아울러, 면접의 경우 실제 이루어지는 방식을 알고 지원해야 후회가 없다. 중견 소비재 기업 중에 건강을 중시하는 기업이 있다. 제품도 건강과 관련이 있다. 그래서 면접에 산행 면접과 체력테스트가 포함되어 있다. 이런 것도 모르고 덜컥 지원해서 서류 통과까지 했는데, 면접이 너무 힘들어서 탈락하는 바람에 그만 등산복과 장비 구입한 돈만 날리고, 귀한 시간 버리는 지원자도 적지 않다. 이 밖에도 조별 PT면접, 영어면접, 상황판단면접 등 각종 면접만 6번에 총 10단계의 전형 절차를 거치는 기업도 있다. 이 기업은 특히 조별 PT면접이 힘들기로 유명한데 설명회만 하더라도 하루 온종일 실시되며, 발표 준비에만 일주일이 걸린다고 한다. 해당 기간 동안 지원자들은 조별로 지점에 배치돼 매일 출근해서 아침부터 저녁까지 근무하게 되는데, 전형 절차 중 조별 PT면접이 가장 힘들어서 중도에 포기자가 나올 정도다. 이처럼 어렵게 서류를 통과하고도 중간에 그만두는 안타까운 사태가 일어나지 않게 하려면 당연히 지원 전에 이런 점을 알아 두어야 한다.

Part 02

직무의 내용과
필요 역량을
알고 지원하는가?

한 취업준비생에게 어떤 일을 하고 싶냐고 물었더니 '재무관련 일을 하고 싶다'라는 대답이 나왔다. 그래서 '그 일을 하기 위해서는 어떤 역량이 필요할까?'라고 물었다. 아까와는 달리 쉽게 대답을 하지 못했다. 다른 취업준비생들도 마찬가지였다. 이 글을 읽는 부모들의 자녀도 대부분이 그럴 것이다. 하고 싶은 일은 어느 정도 정해져 있지만 입사 후에 정확히 어떤 업무를 하게 되는지, 그 일에서 요구되는 역량은 무엇인지, 나아가 그 일을 하다가 어떻게 성장할 수 있는지에 대해서는 대부분 모르고 있다. 사실 이 부분에서 의외로 많은 합불합격의 차이가 난다. 취업준비생들이 취업 공부에 있어서 간과하고 있는 것이 바로 이 같은 직무와 역량에 대한 부분이다. 지원하는 직무의 내용과 필요로 하는 역량에 대한 이해도에 따라 자소서와 면접의 답변 내용이 달라지게 된다. 먼저 직무란 무엇이며 거기에 필요한 역량은 무엇인지 개념부터 알아보도록 하자.

:: **직무** (Job)

직무란 간단히 말해 '회사에서 어떤 일의 담당자'라고 보면 이해가 쉽다. 흔히 회사에서는 '누가 채용담당이지?'라든가 '이번 법인솔루션 영업담당은 A입니다.' 등의 이야기를 한다. 여기서 말하는 담당이 직무라고 보면 된다. 거의 모든 대기업과 중견기업은 직무가 구분되어 있고, 최근에는 중소기업에서도 직무 구분을 적용하고 있다. 따라서, 각 직무의 내용과 필요한 자격요건을 정리해 놓은 자료가 있다. 구할 수만 있다면 이러한 직무 자료들을 구해보는 것이 취업 준비로는 아주 좋은 방법이다. 국가 차원에서 이것을 정리하고 공표한 것이 바로 뒤에서 이야기 할 국가직무능력표준(NCS)이다. 공공기관 지원자라면 반드시 알아야 할 사항이다. 민간 기업도 공개를 하면 좋으련만 기업 사정상 못하는 것이 아쉽다. 일부 기업에서 간략하게 나마 홈페이지를 통해 오픈하고 있으니 입사 희망 기업은 꼭 찾아보길 바란다. 인사담당자 카페 등 온라인 상에서도 직무기술서 사례를 찾을 수 있다.

직무는 기업 별로 규모나 업종에 따라 다양하지만 대부분 SMART란 5가지 직군을 크게 벗어나지 못한다. SMART란 Sales, Marketing Administration, R&D, Technical 각 단어의 첫 글자를 딴 것으로 각각 영업, 마케팅, 경영지원, 연구개발, 생산을 말한다. 세부 직무는 아래 그림과 같이 횡으로는 SMART로 종으로는 직급에 의해 구분된다. 예를 들어 영업 직군의 경우 지역에 따라(국내영업, 해외영업 등), 고객에 따라(개인영업, 법인영업 등), 유통경로에 따라(온라인영업, 매장영업 등),

제품과 서비스에 따라(소비재영업, 기술영업, 솔루션영업 등) 직무가 구분될 수 있다. 영업을 지원하는 직무로는 영업기획, 영업관리, 영업지원, 채권관리, 물류 등이 있다. 다른 직군도 마찬가지로 세분화 된다. 마케팅도 지역, 고객, 제품과 서비스 등으로 나뉘며 마케팅을 지원하는 직무들로는 마케팅지원, 리서치, CRM, 광고, 디자인, 포장용기 등이 있다. 경영지원 산하에는 기획, 재무, 인사, 법무, IT 등이 포함되며, R&D에는 연구개발, 연구기획 등이 속하고, Technical에는 생산, 생산기술, 공정, 생산기획·관리, 품질관리, 품질보증 등이 있다. 물론 위의 구분은 일반적인 예로서 기업 마다 다른 기준이 적용될 수 있다. 이어서 사원-대리-과장-차장-부장-임원-CEO등으로 구분되는 직급이 있고, 팀원-팀장-본부장-부문장으로 나뉘는 직책이 있다. 직급과 직책의 차이는 직책이 일반적으로 단위 조직의 장(張)으로서 인사권과 예산권을 가진다는 것이다. 그래서 회사에 가면 같은 차장인데도 팀원 차장이 있고, 팀장 차장이 있는 것을 보게 된다. 이 같은 직무와 직급·직책을 날줄과 씨줄처럼 엮으면 진정한 하나의 직무가 된다. 예를 들어 '건강식품 마케팅 브랜드 매니저' 라고 한다면 이 직무는 '건강식품 마케팅'이라는 직무와 '브랜드 매니저'라는 직급이 합쳐진 것이라고 보면 된다. 이를 합치면 '건강식품 제품군의 컨셉 기획, 마케팅 예산 수립, 마케팅 기획 및 운영 등을 담당하는 관리자'라는 내용이 담기게 되는 것이다. '영업지원팀장'이라고 하면 일선 영업사원들이 영업을 효율적으로 수행할 수 있도록 영업기획, 영업지표 관리, 영업 사무 지원, 채권관리, 거래처 신용조사, 영업조직관리 등 영업을 지원하는 업무를 하는 단위 조직의 장으로서의 역할을 하게 되는 것이다. 이 같은 직무 체계를 알아야 지원동기, 장래

포부 등에 쓸 거리가 많아지게 되고, 보다 준비된 지원자로 보일 수 있게 된다.

[직무와 직급 체계 예시]

CEO							
임원	Sales		Marketing		Admin	R&D	Technical
차부장	국내/해외 On/Off	영업기획 및 지원	국내/해외 On/Off	마케팅기획 및 지원	기획 재무 인사 총무	연구기획 연구개발	생산기획 생산기술
과장	O2O B2B/B2C 제품	영업기획 채권/심사	O2O B2B/B2C 제품	Research CRM PR	법무 전산 경영지원		공정관리 생산 품질 환경
대리	기술 솔루션	물류 배송	기술 솔루션	디자인 광고 포장			
사원	:	:	:	:			

:: 지원할 때는 직무를 최대한 세분화하고, Know-who를 찾아라

입사 지원 시에는 지원 직무를 최대한 세분화하고, Know-who를 찾는 것이 좋다. 특히 대기업일수록, 그리고 직무가 세분화되어 있는 이공계보다 인문계 쪽에서 더 필요한 부분이다. 어떤 일을 하고 싶으냐고 물으면 대부분 문과 취업준비생들은 기획, 마케팅, 재무 등의 일을 하고 싶다고 한다. 그런데 이런 방식으로는 차별성을 가질 수 없다. 본인이 원하는 직무를 최대한 조사하고 세분화 할 필요가 있다. 이것이 필요한 이유는 기업에 지원할 때는 물론 인사, 재무, 마케팅, 영업 등으로 뭉뚱그려 하게 되지만, 지원동기나 향후 포

Chapter 04
도대체 회사는 어떤 절차와 기준으로 사람을 뽑나?

부를 말할 때는 세분화하여 말하는 것이 차별화 포인트가 될 수 있기 때문이다. 지금은 경력 같은 신입을 원하고 있다고 말한 바 있다. 기업에서 취업준비생에게 바라는 것은 업무는 경력사원만 못해도 직무에 대한 이론적인 지식이라도 갖추고 오길 바란다. 그냥 '영업직을 지원하겠습니다'가 아니라 '수도권 대형마트 매니저가 되고자 합니다' 정도는 되어야 한다는 의미이다. 재무의 경우라면 그냥 재무가 아니라 세무, 원가, 관리, 자금 등 세부 분야에 알고 지원하는 것이 준비된 지원자로 보이게 한다. 인사도 크게 HRM과 HRD가 있으며 HRM 안에는 다시 인력운영(채용, 급여, 인사전산, 승진이동 등)과 인사기획(제도기획, 평가보상, 조직개편 등)으로 나눌 수 있다. 이런 것을 알고 지원하는 사람과 그저 인사를 하고 싶다는 사람간에는 차이가 없을 수 없다.

그렇다면 세분화한 희망 직무에 대해 가장 잘아는 방법은 무엇일까? 정답은 현재 그 일을 하는 사람을 찾아 물어야 한다는 것이다. 지금은 know-how가 아니라 know-who 또는 know-where가 중요한 세상이다. know-how를 알기에는 시간과 자원이 한정되어 있고, know-who 또는 know-where에 찾고자 하는 know-how가 있을 가능성이 높기 때문이다. 현업 다음으로는 인사팀이다. 인사팀은 직무에 대한 생생한 정보는 현업 보다 덜할지 몰라도 회사와 직무, 채용에 대한 정보들이 있으니 도움이 된다. 부모들이 취업준비생 자녀에게 도움이 될 수 있는 가장 큰 부분 중의 하나가 주변의 Know-who를 연결시켜 주는 것이다. 올바른 정보를 전달해 주는 가교 역할을 하는 것이 취업준비생 부모가 해 줄 수 있는 일 중의 하나다.

직무에 대해 추가적으로 이야기 하고자 하는 것이 있다. 기업체 인사담당자들을 만나다 보면 어떤 직무에 대한 수요가 많은 지를 알 수 있다. 최근 문과에서는 디지털마케팅, 이과에서는 빅데이터라는 분야에 대한 수요가 많다. 디지털마케팅은 기존의 PC중심에서 SNS(social network service)나 모바일로 그 중심이 바뀌었다는 것이 가장 큰 특징이다. 빅데이터의 경우 기존의 데이터 마이닝이나 CRM(고객 관계 관리, customer relationship management)에서 한 발 더 나아간 것이다. 이런 직무들은 과거에는 사람들이 잘 알지 못하던 분야들로 지원자가 드물었다. 그러다 보니 당장 일할 경력직이 필요하지만 사람이 없어서 신입이라도 데려다 써야 할 지경이다. 지금 취업을 준비 중인 취업준비생들도 현재 인기 있는 분야보다는 새롭게 나타나는 분야를 공략해 볼 것을 추천한다.

:: **역량** (Competency)

'역량'이라는 단어는 몇 년 전 까지만 해도 생소했지만, 이제는 모르고서는 대기업이나 공기업은 지원 조차 힘들 정도가 되었다. 그만큼 취업에 있어서 중요한 요소가 되었다. 아직 이 단어가 낯선 부모들을 위해 간단히 소개하고자 한다. 역량은 평범한 직원과 일 잘하는 사람간에 차이를 알고자 하는 것에서 출발하였다. 쉽게 말해 '일 잘하는 사람의 지식, 기술, 태도, 행동'을 역량이라고 한다. 당연히 회사에서는 일 잘하는 사람을 뽑으려고 하니 이 같은 자사의 일 잘

하는 기준, 즉 역량을 만들어 놓고 지원자중에서 거기에 부합하는 사람을 가려내고자 하는 것이다. 많은 기업과 직무들에서 보유하고 있는 주요 역량들로는 아래와 같은 내용들이 있다. 일반적으로 특정 직무에서 요구되는 직무 역량, 관리자급에서 필요로 하는 리더십역량, 전 직원이 갖추어야 할 공통 또는 기본 역량으로 구분된다. 면접과 자소서, 적성검사의 평가는 이 같은 항목을 바탕으로 이루어진다는 것을 알고 있어야 한다.

[기업의 주요 역량 예시]

역량 항목		내용
직무 역량	고객지향	고객 니즈 파악과 관계 유지를 통해 지속적인 비즈니스 창출에 기여한다.
	글로벌 관점	Global 관점에서 개인과 조직의 현황을 파악하고 이해한다.
	분석력	문제를 해결하기 위해 객관적이고 논리적인 근거를 마련하고 예측한다.
	문제해결	핵심적인 원인을 파악하고 근본적인 원인을 해결하기 위해 노력한다.
	의사소통	자신의 의사를 명확히 전달하고, 상대의 의사를 정확히 파악한다.
	팀웍	팀의 집단 성과향상을 위해 관계를 개선 유지하고 협력한다.
리더십 역량		구성원들에게 명확한 목표와 방향을 제시한다. 목표를 달성하는데 필요한 실행단계를 설정한다. 도전적이지만 달성 가능한 시간계획을 설정한다. 목표 달성을 위해 필요한 자원을 확인한다.
공통 역량		성실성, 주인의식, 책임감, 혁신, 창의성, 최고지향

역량 기반 채용을 통과하기 위해서는 당연히 희망 직무에서 필요로 하는 역량을 파악하는 것이 우선이다. 요즘에는 직무의 내용과 그에 필요한 역량, 하루의 일과, 현재 재직중인 입사 선배들의 인터뷰까지 상세하게 기업 홈페이지에 나와 있는 경우가 많다. 부모들도 자녀의 입사 희망 기업의 홈페이지에 들어가서 자녀가 하고자 하는 일의 내용과 필요로 하는 역량이 무엇인지를 살펴보자. 공공기관의 경우에는 지원 전에 꼭 알아야 하는 국가직무능력표준 내용을 별도의 홈페이지에서 자세하게 안내하고 있다(http://www.ncs.go.kr). 지원 직무 별로 상세 직무 내용과 필요 역량이 잘 소개되고 있으니 참조하기 바란다. 기관에 따라서는 자체 홈페이지에서 상세 내용을 제공하는 곳도 있다.

:: 기업별 직무 내용, 필요 역량 사례

■ KT&G 마케팅 기획 직무

❶ 내용

마케팅기획은 회사의 기본적인 사업방향에 따라 마케팅전략을 수립하고 추진하는 업무를 수행합니다.

- 총괄 마케팅전략 수립 및 추진
- 브랜드포트폴리오 전략 수립 및 운영
- 통합 마케팅 커뮤니케이션 기획 및 추진
- 마케팅목표(정량/정성) 설정 및 성과 관리
- 마케팅자원 전략 수립 및 운영
- 직무와 역량 기업 사례

❷ 필요역량

마케팅기획 직무를 수행하는데 있어서는 아래와 같은 역량이 요구됩니다.

- · 첫   째, 시장 및 경쟁 환경 분석 능력
- · 둘   째, 기업/마케팅 전략 전반에 대한 지식 및 활용 능력
- · 셋   째, 브랜드포트폴리오 및 마케팅커뮤니케이션에 대한 심층이해 및 기획 능력
- · 넷   째, 소비자조사 및 주요 재무지표에 대한 기본적인 이해와 분석 능력
- · 다섯째, 사업관련 법률 전문지식 활용 능력
- · 여섯째, Value Chain 전반에 대한 이해 및 부서간 업무조정 능력

❸ 하루 일과

전일의 실적 자료를 확인하는 것으로 하루 일과를 시작합니다. 해당 시기의 마케팅 이슈에 따라 필요한 전략을 기획하여 추진하고, 관련된 브랜드/영업 분야와의 업무를 조율합니다. R&D, 생산, 홍보 분야와 협업하는 경우도 많습니다. 브랜드포트폴리오와 같은 중요한 마케팅 의사결정을 위해서는 시장조사를 직접 기획하여 진행하기도 하며, 조사결과의 종합적 분석 및 관련부서와의 협의를 통해 전략대안을 수립하고 공유합니다. 수립된 전략은 수시로 진행사항을 점검하여 해당 부서에 피드백하고, 성과를 관리합니다. 통합 마케팅 커뮤니케이션을 위해 주요 메시지 및 매체운영 계획을 기획하며, 일관된 방향에 따라 메시지가 전달될 수 있도록 주기적으로 조정업무를 수행합니다. 필요한 경우에는 직접 콘텐츠를 제작하여 활용하기도 합니다.(KT&G 기업 홈페이지)

■ CJ제일제당 식품마케팅 직무역량

"시장 변화를 냉철하게 분석하는 이성과 소비자의 마음에 따뜻하게 공감하는 감성의 조화"소비자와 시대가 원하는 가치를 창출하면서 매출과 이익이라는 지속성을 가진 브랜드를 만들어야 합니다.

❶ 감지 능력 – 트렌드 센싱

세상은 시시각각 변하고 있습니다. 내가 만들고 싶은 제품이 아니라, 시대가 원하는 제품을 만들어야 살아남을 수 있습니다. 이를 위해서는 트렌드가 어떻게 변하고 있는지, 이것이 식품업에는 어떤 의미인지에 대한 고민과 이해가 필요합니다. 세상이 어떻게 변화하고 있는지 감지할 수 있어야 그에 맞는 제품을 만들어갈 수 있겠죠?

❷ 논리적 능력 – 숫자에 대한 감각

아무리 좋은 브랜드라도 매출과 이익이 생기지 않으면 지속될 수 없습니다. 소비자에게 가치를 전달하면서도 해당 브랜드가 성장하고 지속하기 위한 지표 관리는 필수입니다. 이를 위해서는 재무제표 분석과 원가 관리와 같은 수치를 다루는 일에도 능통해야 합니다. 또한, 제품 판매 시나리오를 구상하고 각 경우에 따른 전략을 구상하기 위해서는 매출/비용 simulation과 같은 숫자를 다루는 작업이 필수라고 할 수 있답니다.

❸ 공감 능력 – 소비자가 느끼는 불편함을 공감

소비자들이 일상을 살아가면서 느끼는 불편과 원하는 점을 상품개발자의 입장이 아닌 소비자입장에서 공감할 수 있어야 합니다. 소비자가 필요로 하는 제품과 서비스를 제공함으로써 가치를 창출할 수 있기 때문입니다.

❹ 소통 능력 – 외부와 내부를 연결하는 커뮤니케이션

소비자 용어와 회사 용어가 다르고, 연구소와 영업의 표현 방식이 다를 때 이를 조율하는 것이 마케터의 역할입니다. 크게는 소비자가 표현하는 감성적 가치와 회사의 재무적 가치가 일치할 수 있도록 조율하고, 작게는 유관부서 사이에서 각자의 역량이 발휘될 수 있도록 상황과 목표를 합치하는 커뮤니케이션 능력이 중요합니다.(CJ제일제당 채용 홈페이지)

■ LG U+ 소프트웨어개발

❶ 직무 소개

음성, 메시징 등의 기본적인 통신 서비스 및 채팅, 방송, 헬스, 미디어, M2M, CCTV, 광고, 컨버지드 홈, U+Box(클라우드) 등의 다양한 서비스 컨텐츠를 구현하고, 모바일 단말, PAD, STB, PC 등 다양한 단말기반의 어플리케이션 및 서버 개발 등 일반 고객이나 기업고객에게 제공하는 서비스 전체의 개발 업무를 수행합니다.

소프트웨어개발 직무는 신규 서비스를 시장에 출시하기 위해 서비스 설계 , 분석, 개발, 검증 등을 총괄 적으로 관리/수행하며, 신규 서비스에 대한 제안 및 기획 등의 업무도 수행합니다.

소프트웨어개발 직무는 Project Manager로서 개발자 측면의 관점이 아닌, 시스템 사용자 측면의 관점을 가져야 합니다. 신규 서비스 개발 시 체계적인 분석을 통해 개발에 필요한 사항과 구현 목표에 대한 도출을 바탕으로 구조를 설계할 수 있어야 합니다. 또한 끊임없는 기술 트렌드 파악을 통해 중장기 로드맵을 작성하고, 차별화된 서비스를 창출할 수 있는 역량이 필요합니다.

❷ 선배 사원 인터뷰

1. 현재 회사에서 담당하고 있는 주요 업무를 소개해주세요.

신입사원 입사 후, Feature 폰의 벨소리 게임 서비스 개발 담당자에서 OZ 2.0 의 핵심 서비스 다운로드, 그리고 Android 환경으로 시장이 변화하는 시점, 인앱까지 업무를 담당했으며, 현재 커머스 분야에 대한 업무를 담당하고 있습니다. 서비스에서 상품을 구매하고 결제하는 일에 대한 편의성을 향상하는 방법에 대해서 기술적으로 개발로 고민하고 일하고 있습니다.

2. 본인이 하루 일과를 어떻게 보내고, 한 주를 어떻게 보내시는지 말씀해주세요.

모든 직장인이 그러하듯 주요 일과는 회사 업무로 시간이 빨리 지나갑니다. 그래도 출근하는 시간에 핸드폰으로 Mnet 음악을 듣거나, HDTV로 요즘 인기 있는 드라마를 보기도 하고, 가끔은 e-book 으로 책도 보면서 출근시간을 보냅니다. 퇴근 후에는 운동을 하거나, 동료 친구들과 가끔 만나 담소를 나누기도 하구요. 주말에는 사랑하는 신랑과 운동이나 영어공부도 하고 밀린 가사일을 나눠서 일상을 꾸며 나가기도 하죠.

3. 업무를 하시면서 가장 보람을 느꼈던 순간은 언제인가요?

내가 만든 서비스를 지하철에 있는 누군가가 쓰고 있을 때 가장 큰 보람과 짜릿함을 느꼈습니다. 기획에서부터 개발, 오픈까지 땀과 노력이 들어간 내 서비스를 자연스럽게 쓰는 고객님을 보는 그 순간만큼 큰 감동이 있을까요?

4. 소프트웨어개발 직무에서 가장 중요한 역량은 무엇이라고 생각하나요?

서비스를 기획하는 사업팀과 안정성 확보를 위해 진행하는 검수팀, 운영팀 등 다양한 부서의 요구사항을 이해하고 정리하며, 유관부서 및 협력사와 Communication 하는 능력이 가장 중요한 역량이라고 생각합니다. 개발업무를 하면서 부족한 부분은 배워나가고 공부할 수 있지만, 상호간 배려하면서도 높은 성과를 만들어 내서 좋은 서비스를 만들기 위해서는 개발팀이면서 꼭 필요한 역량입니다.

5. LG유플러스의 신입사원이라면 꼭 갖추었으면 하는 자질이 있나요?

하면 된다라는 자신감은 신입사원으로, 그리고 직장생활을 하면서 잃지 않았으면 합니다. 자신에 대한 믿음과 발전에 대한 자신감은 결국 개인의 삶과 회사의 삶도 모두 성장하게 하는 동력이라 생각됩니다. 한 두 번의 실패라는 경험이 그저 실패로 그치는 것이 아

니라 그 경험을 바탕으로 더 좋은 발전할 수 있으니까요^^

6. LG유플러스에서 앞으로의 목표가 있다면 무엇인가요?

제가 사원-대리-과장으로 업무적인 성장을 하는 동안 통신사 중에서 꼴찌 사업자가 아니라 고객들에게 인정받는 LG유플러스로 인정받아가고 있듯, 향후 10년 뒤에는 당당하게 일등 사업자고, 고객들이 가장 선호하는 사업자가 되어서 정말 의미 있고 가치 있는 서비스를 제공하는 회사의 일원이 되는 것입니다.

7. 즐거운 회사생활을 위한 본인만의 특별한 방식이 있으신가요?

같이 일하는 사람들과 일에서만 그치는 것이 아니라 사람 - 사람으로 만나서 정을 쌓고 그리고 진솔한 이야기로 서로를 신뢰하며 보다 적극적으로 소통하는 방법은 일도 사람과의 행복도 잡는 방법입니다.

8. LG유플러스인의 꿈을 키워나가는 분들께 하시고 싶은 말씀이 있나요?

고객 가까이에서 삶을 채워나가는 일부가 되어서 서비스를 제공하는 일은 관심과 호기심에서 시작할 수 있습니다. '난 안 될 거야' 라는 생각보다, 내가 생활하는 경험들에서부터 아이디어를 만들고 실현해나갈 수 있다는 자신감으로 도전하시면 좋은 결과 있으리라 생각합니다.(LG U+ 채용 홈페이지)

회사에서 공식적으로 밝히는 직무 내용, 필요 역량, 하루 일과 등과 실제 수행하게 될 업무는 다를 수 있다. 아주 기본적이고 핵심적인 요소들만 공개하기 때문이다. 따라서, 직무에 대해보다 깊이 있는 정보를 알기 위해서는 이들 자료 외에 현직에 근무하는 재직자로부터 살아있는 정보를 듣는 것도 필요하다. 취업 성공을 위해서는 내가 지원한 직무를 확실히 이해하고, 여기서 요구하는 역량에 부합하는 경험과 사례를 갖추는 것이 중요하다. 이것이 바로 자소서에 쓰여져야 하는 내용이며, 면접 질문에 대한 답이 되는 것이다.

Part 03

NCS 모르면
공공기관은
꿈도 꾸지 마라

취업준비생들의 스펙 과열 경쟁 문제가 커지자 기업은 물론 사회적으로까지 낭비라는 목소리가 커졌다. 이에 따라 스펙 위주의 채용에서 벗어나자는 '탈스펙, 스펙 초월, 블라인드 방식' 등의 채용을 도입하겠다는 기업이 늘어가고 있는 추세다. 정부에서도 이에 발맞춰 국가직무능력 표준(National Competences Standards, 이하 NCS)을 도입하고 적극 확산하기로 했다. NCS란 '산업현장에서 직무를 수행하기 위해 요구되는 직무능력(지식, 기술, 태도)을 국가가 산업 부문별, 수준별로 체계화한 것으로 산업현장의 직무를 성공적으로 수행하기 필요한 직무능력을 국가적 차원에서 표준화한 것'을 말한다. 취업준비생이라면 누구나 알고 있을 것이다. 당장 올해 2015년부터 130개 공기업과 공공기관이 NCS를 기반으로 연내 3천 명을 신규 채용한다고 한다. 정부는 2017년까지 302개의 모든 공공기관에서 NCS를 도입하겠다는 방침이다. 공기업 입사를 희망하는 자녀를 둔 부모라면 용어 정도는 알아 두어야 한다. 그 동안 취업준비생의 부담이 되었던 스펙이라는 짐을 덜어주자는 취지로 정부 차원에서 칼을 빼든 것이다. 공공기관 취업을 목표로 한다면 NCS기반 자소서 작성, 면접 대비를 해야 하며 먼저 지원 기관과 직무에서 요구하는 NCS 직무 내용과 역량을 파악하는 것이 급선무다.

한편, 스펙의 부작용을 막고자 하는 의도에서 시작된 NCS가 취업준비생에게 새로운 짐이 되었다는 얘기도 있다. 모든 기업이 탈스펙 전형이나 NCS 채용 방식을 도입하는 것이 아니기 때문에 취업준비생 입장에서는 두 가지 방식의 채용에 모두 준비해야 하는 이중의 부담이 생긴 것이다. 필자가 만나 본 취업준비생들 특히 문과생들은 더 취업이 힘든 상황이 되어간다고 인식하고 있었다. 기술분야는 상대적으로 보다 명확하게 직무역량요건을 명시 할 수 있지만 문과생의 경우 그것을 정하기가 상대적으로 쉽지 않기 때문이다. 그렇다면 이 같은 상황에서 부모들은 어떻게 해야 할까? 필자는 대한민국 수험생 학부모들이 초능력자로 생각될 때가 있다. 3600여 개에 이르는 대학별 입시 전형과 매년 바뀌는 시험 유형을 알고 있기 때문이다. 거기뿐인가 각 과목별로 유명한 학원과 강사를 알고 있다. 이쯤 되면 초능력자가 아닌가? 그에 비한다면 취업 공부는 쉬운 편이라고 할 수 있다. NCS도 그저 하나의 전형방식이라고 보면 하나도 어려울 게 없다.

다음은 NCS에 대한 세부 내용을 설명하고 있다. 상세 내용은 (http://www.ncs.go.kr)를 참조하기 바란다.

국가직무능력표준(National Competency Standards, NCS)은 현장에서 직무를 수행하는 데 필요한 지식`기술 등의 능력을 국가가 산업별`수준별로 표준화해 정리해 둔 것으로, 금융보험, 경영회계사무, 보건의료, 기계 등 산업별로 24개의 대분류와 77개의 중분류, 227개의 소분류, 857개의 세분류로 구성되어 있다. 예를 들어 경영회계사무의 경우 경영회계사무(대분류) → 재무회계(중분류) → 회계(소분류) → 회계감사(세분류) 등으로 나뉘며, 회계감사 항목에 전표관리, 자금관리, 원가계산 등 해당 직무를 수행하기 위해 필요한 지식과 기술, 태도 등으로 정리되어 있다.

능력 수준은 분야별로 '1~8 수준'으로 나뉘어져 있는데, 가령 회계 분야 '8 수준'이면 회계감사세무 등에 최고의 이론과 지식을 갖춰 새로운 업무 방식을 창조할 정도이며, '1 수준'이면 매우 기초적인 지식을 사용해 기본적인 회계 업무를 수행할 수 있을 정도가 된다. 구체적인 NCS 분류 체계와 학습모듈 등은 NCS 포털(www.ncs.go.kr)에서 볼 수 있다. 쉽게 말해 지원하고자 하는 직무에서 어떤 요인들이 그 직무에서 성과를 내는데 연관성이 있느냐는 것이며 그것은 학점이나 영어, 자격증이 아닌 역량이라는 이름의 직무적성인 것이다.(NCS 홈페이지 및 네이버 인용)

:: **스펙을 넘어 직무능력 중심으로**(기획재정부 보도자료 2015년 3월 24일)

- 한전, 도로공사, 근로복지공단 등 130개 공공기관 3천명을 국가직무능력표준(NCS) 기반 채용

- 직무중심채용 과정은

  ① 채용기준(NCS 기반 직무기술서) 사전공개

  ② 직무능력 기반 지원서 중심의 서류전형

  ③ 채용기준에 따른 직무능력평가(필기, 면접 등)의

  세 단계로 구성된다.

  취업준비생 사전 준비, 평가문항 개발 등을 감안하여 단계적으로 추진할 예정

❶ 직무능력중심 채용모델을 이미 도입한 산업인력공단 등 30개 공공기관은 금년에 직무능력 중심의 채용공고문, 서류·면접 전형 등을 통해 NCS 기반 채용을 진행

❷ 채용 규모 등을 고려하여 금년에 새로 선정된 한국전력, 도로공사 등 100개 공공기관은 금년 상반기 중 채용모델 설계를 위한 컨설팅 후 금년 하반기 중 직무능력 중심의 서류·면접 전형을 진행

:: **2015년 NCS 채용 대상 130개 공공기관**

❶ 30개 공공기관 : NCS 채용모델 기 도입

구분	기관명
공기업(5)	한국남동발전, 한국남부발전, 한국서부발전, 대한주택보증, 한국도로공사
준정부 기관(16)	한국장학재단, 한국콘텐츠진흥원, 한국인터넷진흥원, 한국가스안전공사, 한국에너지기술평가원, 한국원자력환경공단, 한국전기안전공사, 건강보험심사평가원, 한국보건복지정보개발원근로복지공단, 한국산업안전보건공단, 한국산업인력공단, 한국농림수산식품교육문화정보원, 대한지적공사, 한국시설안전공단, 한국임업진흥원
기타공공 기관(9)	정보통신정책연구원, 한전원자력연료, 코레일관광개발, 한국국제교류재단, 한국국제협력단, 한국공정거래조정원, 한국지질자원연구원, 한국화학연구원, 한국특허정보원

❷ 100개 공공기관 : 2015년중 NCS 채용모델 도입, 2015년 하반기부터 적용

구분	기관명
공기업(24)	대한석탄공사, 한국가스공사, 한국광물자원공사, 한국동서발전, 한국석유공사, 한국수력원자력, 한국전력공사, 한국중부발전, 한국지역난방공사, 인천국제공항공사, 제주국제자유도시개발센터, 한국감정원, 한국공항공사, 한국수자원공사, 한국철도공사, 한국토지주택공사, 여수광양항만공사, 울산항만공사, 인천항만공사, 해양환경관리공단, 한국조폐공사, 한국관광공사, 한국마사회, 한국방송광고진흥공사
준정부 기관(53)	사립학교교직원연금관리공단, 한국교육학술정보원, 국민체육진흥공단, 영화진흥위원회, 한국문화예술위원회, 우체국금융개발원, 우체국물류지원단, 정보통신산업진흥원, 한국방송통신전파진흥원, 한국연구재단, 한국우편사업진흥원, 한국정보화진흥원, 대한무역투자진흥공사, 에너지관리공단,

Chapter 04
도대체 회사는 어떤 절차와 기준으로 사람을 뽑나?

준정부 기관(53)	한국광해관리공단, 한국무역보험공사, 한국산업기술진흥원, 한국산업기술평가관리원, 한국산업단지공단, 한국석유관리원, 한국전력거래소, 국민건강보험공단, 국민연금공단, 한국보건산업진흥원, 한국고용정보원, 한국승강기안전기술원, 한국장애인고용공단, 기술신용보증기금, 신용보증기금, 예금보험공사, 한국예탁결제원, 한국자산관리공사, 한국주택금융공사, 소상공인시장진흥공단, 중소기업진흥공단, 국립공원관리공단, 국립생태원, 한국환경공단, 한국환경산업기술원, 선박안전기술공단, 축산물품질평가원, 한국농수산식품유통공사, 한국농어촌공사, 한국청소년활동진흥원, 교통안전공단, 한국철도시설공단, 한국소비자원, 한국원자력안전기술원, 한국소방산업기술원, 한국승강기안전관리원, 공무원연금공단, 농업기술실용화재단, 도로교통공단
기타공공 기관(23)	한국수출입은행, 그랜드코리아레저, 강원랜드, 한국가스기술공사, 한국로봇산업진흥원, 한국산업기술시험원, 한국전력기술, 한전KDN, 한전KPS, 한국보건의료인국가시험원, 중소기업유통센터, 주택관리공단, 코레일네트웍스, 코레일로지스, 코레일유통, 코레일테크, 주식회사 부산항보안공사, 주식회사 인천항보안공사, 중소기업은행, 한국산업은행, 한국과학기술기획평가원, 국방기술품질원, 한국문화재재단

:: NCS 직무 역량 분류체계도 예시

2015년 8월 현재까지 NCS는 24개 분야별로 각각 중분류, 소분류, 세분류와 능력단위가 개발 되어 있는 상태다. 또한 10가지 직업기초능력이 있다. 마케팅전략기획 직무를 예를 들면 아래와 같다. 지원 직무의 대한 상세 내용을 알고자 하는 경우 NCS 홈페이지 (www.ncs.go.kr)로 들어간 다음, 상단 메뉴 중에서 NCS·학습모듈 검색을 누른다. 다음 화면에서 분야별 검색을 클릭하고 '02 경영·회계·사무'를 누른다. 아래에 표시되는 중분류에서 '01. 기획사무'를,

소분류에서 '03. 마케팅'을, 이어서 세분류에서 '01. 마케팅전략기획'을 누르면 능력단위가 나타나게 된다 그 중 '01.마케팅전략 계획수립'을 누르면 자세한 직무 내용과 필요역량을 볼 수 있다. '경력개발경로 모형, 직무기술서, 자가진단도구, 체크리스트와 출제 기준'도 있으니 유용하게 활용할 수 있다.

■ 마케팅전략기획 직무

구분	내용
직무	마케팅전략기획
직무정의	마케팅 전략기획이란 기업과 제품의 경쟁우위 확보와 경영성과를 향상시키기 위하여 마케팅 목표 수립과 목표시장에 대한 체계적인 방안 설계 및 실행을 통하여 반응과 결과에 지속적으로 대응하는 일이다.
능력단위 명칭	마케팅전략 계획수립
능력단위 정의	마케팅전략 계획수립은 조직의 중·장기 비전과 경영전략에 따라 마케팅목표와 실행방안을 수립하는 능력이다.
능력단위요소	중·장기 전략 수립하기
수행준거	기업의 비전과 미션에 따라 중·장기 사업목표를 도출 할 수 있다 지식 – 전략수립 방법과 절차 기술 – 시장 환경 분석 기술 태도 – 원활한 커뮤니케이션 창출 의지

(www.ncs.go.kr)

[직무능력 분류체계도 예시]

대분류	중분류	소분류	세분류	능력단위
사업관리 경영/ 회계/ 사무 전기전자 건설 기계 등 24개	경영 회계 사무	기획 사무	경영기획	
		총무인사	마케팅	마케팅 전략기획
		재무회계	홍보 광고	전략기획 수립
		생산 품질 관리		신상품 기획
			고객관리	STP전략 수립
			통계조사	
	정보 통신	정보기술	정보기술 전략	정보기술 전략
		통신기술	정보기술 개발	정보기술 기획
		방송기술	정보기술 운영	정보기술 컨설팅

(www.ncs.go.kr)

정보기술 전략기획

정보기술 R&D 전략 수립

정보기술 아키텍쳐 계획수립

∷ 10개 직업기초 능력 및 의사소통능력 예시

직업 기초능력은 직무 수행에 필요한 기초 역량이라고 할 수 있으며, 각각의 하위 능력과 정의, 세부요소들로 구성되어 있다.

■ 정의

업무를 수행함에 있어 글과 말을 읽고 들음으로써 다른 사람이 뜻한 바를 파악하고, 자기가 뜻한 바를 글과 말을 통해 정확하게 쓰거나 말하는 능력이다.

■ 구조

하위능력	정의	세부요소
문서이해능력	업무를 수행함에 있어 다른 사람이 작성한 글을 읽고 그 내용을 이해하는 능력	· 문서 정보 확인 및 획득 · 문서 정보 이해 및 수집 · 문서 정보 평가
문서작성능력	업무를 수행함에 있어 자기가 뜻한 바를 글로 나타내는 능력	· 작성 문서의 정보 확인 및 조직 · 목적과 상황에 맞는 문서 작성 · 작성한 문서 교정 및 평가
경청능력	업무를 수행함에 있어 다른 사람의 말을 듣고 그 내용을 이해하는 능력	· 음성 정보와 매체 정보 듣기 · 음성 정보와 매체 정보 내용 이해 · 음성 정보와 매체 정보에 대한 반응과 평가
의사표현능력	업무를 수행함에 있어 자기가 뜻한 바를 말로 나타내는 능력	· 목적과 상황에 맞는 정보 조직 · 목적과 상황에 맞게 전달 · 대화에 대한 피드백과 평가
기초 외국어 능력	업무를 수행함에 있어 외국어로 의사소통 할 수 있는 능력	· 외국어 듣기 · 일상생활의 회화 활용

(www.ncs.go.kr)

:: NCS 기반 자기소개서

아래는 실제 한국전력 2015년 하반기 NCS기반 자기소개서 작성 양식이다. 기존과 다른 점이라면 지원하는 직무와 역량에 대해 잘 알지 못한다면 작성이 어려워 졌다는 것이다. 내용 또한 이론적, 추상적, 희망 사항 보다는, 실제 자신이 경험한 것을 구체적으로 써야만 좋은 평가를 받을 수 있는 체제로 바뀐 것이다.

[직무능력기반 자기소개서 작성 양식(한국전력 2015년 하반기)]

지원분야에 필요한 직무능력을 습득하기 위해 받은 학교교육 또는 직업교육에 대해 기술하십시오. (분야, 과목명, 주요내용, 성과 등 / 온라인 교육 포함)

(띄어쓰기 포함 100~400자로 작성)

지원분야의 관련 업무를 수행한 경력 또는 관련 활동을 수행한 경험 중 대표적인 것에 대해 기술하십시오. 경력은 금전적 보수를 받고 일정기간 동안 일했던 이력을 의미하며, 경험은 직업 외적인 (금전적 보수를 받지 않고 수행한) 활동(산학협력, 팀프로젝트, 연구회, 동아리·동호회 등 포함)을 의미합니다. 경력을 기술할 경우 구체적으로 직무영역, 활동/경험/수행내용, 본인의 역할, 주요 성과 등에 대해 작성하시고, 경험을 기술할 경우 구체적으로 본인의 학습경험 혹은 활동내용, 활동 결과에 대해 작성하시기 바랍니다.

(띄어쓰기 포함 100~400자로 작성)

귀하가 최근 3년 이내에 가장 도전적인 목표를 세우고 성취해낸 구체적인 경험이 있다면 구체적으로 그 과정과 결과에 대하여 기술하여 주십시오.

(띄어쓰기 포함 100~400자로 작성)

귀하가 최근 3년 이내에 공동(조직) 또는 타인의 이익을 위하여 나에게 예상되는 손해(피해)를 감수하고 일을 수행한 경험이 있다면 구체적으로 그 과정과 결과에 대하여 기술하여 주십시오.

(띄어쓰기 포함 100~400자로 작성)

:: **NCS형 면접**

면접 역시 NCS에 기반한 면접을 실시하고 있다. NCS 면접은 크게 4가지 유형으로 구성되어 있다. 과거의 단순한 인성면접에서 벗어나 직무 관련 경험과 상황이 중시되고, 지원자의 임기응변이나 순발력이 개입하기 힘든 발표나 토론 형식의 심도 있는 절차가 도입되었다.

❶ 경험면접

· 목적 : 선발하고자 하는 직무 능력이 필요한 과거의 경험을 질문함
· 평가요소 : 직업 기초 능력과 인성 및 태도적 요소를 평가

❷ 상황면접

· 목적 : 특정상황을 제시하고, 지원자의 행동을 관찰하고 평가함으로써 실제 상황의 행동을 예상함

· 평가요소: 직업 기초 능력과 인성 및 태도적 요소를 평가

③ 발표면접

· 목적 : 특정주제와 관련된 지원자의 발표와 질의/응답을 통해 지원자의 역량을 평가함
· 평가요소: 직업기초능력과 인지적 능력을 평가

④ 토론면접

· 목적 : 제시한 토의과제에 대한 의견수렴과정에서 지원자의 역량은 물론 상호작용 능력을 평가함
· 평가요소: 직업 기초 능력과 인지적 능력을 평가

(NCS 홈페이지에서 인용)

NCS 기반 채용을 하는 기관에 입사를 희망하는 지원자라면 질문의 내용이 NCS기반 직무를 바탕으로 하고 있기 때문에 지원직무에 대한 NCS 선행 학습이 반드시 필요하다.

[참조 1] 2015년 주요 공공기관 전형 절차(각 공공기관 발표 자료 요약)

:: **한국전력**

■ **모집분야 및 인원**   (단위 : 명)

사무	송배전	통신 일반	통신 보안	토목	건축	IT	계
30	137	9	1	10	5	8	200

■ **자격요건**

❶ 학력 전공
  - 사무 : 학력 및 전공 제한 없음
  - 송배전/통신(일반)/토목/건축/IT
  - 해당분야 전공자 또는 해당 분야 기사 이상 자격증 보유자
  - 통신(정보보안) : 다음 중 어느 하나에 해당하는 자
    · 해당분야 석사학위 소지자 및 '16. 2월 취득예정자
    · 해당분야 학사학위(또는 기사자격) 취득후 2년이상 실무경력이 있는 자
    · 해당분야 전문학사학위(또는 산업기사자격) 취득후 4년이상 실무경력이 있는 자

❷ 외국어
  - 대상 : 영어 등 8개 외국어
  - 자격기준 : TOEIC 700점 이상
  - 유효성적 : '13.11. 1 이후 응시하고 접수 마감일('15.10. 8)까지
  - 유효성적 : 발표한 국내 정기시험 성적만 인정
  - 고급자격증 보유자는 외국어성적 면제

- 해외학위자도 유효 외국어 성적을 보유해야 지원 가능함

　※ 외국어점수는 토익기준 850점 이상일 경우 만점처리

❸ **연령** : 제한 없음

❹ **병역사항** : 병역 기피사실이 없는 자

❺ **기타** : 공사 인사규정상 결격사유가 없는자

■ 전형절차

1. 1차 서류전형 : 외국어성적, 자격증가점, 직무능력기반 자기소개서
2. 2차 직무능력검사
3. 3차 직무능력면접 및 인성검사
4. 4차 경영진면접
5. 최종 신체검사·신원조회

■ 일정

- 서류전형 합격자 발표 : 10.21
- 직무능력면접·인성검사 : 11.16~18
- 신체검사 : 12.14~16
- 직무능력검사 : 10.31
- 경영진면접 : 12. 3~4
- 입 사 : 12.28

[참조 1] 2015년 주요 공공기관 전형 절차(각 공공기관 발표 자료 요약)

:: **국민연금공단**

■ **모집분야 및 인원** : 6급갑 22명(시간선택제)

■ **자격요건** : NCS(국가직무능력표준)기반능력중심채용

❶ 성별 : 연령·학력제한없음
  - 남성의 경우 군필 또는 면제자('6급을'은 제외)
    · 군 복무 중인 경우, 임용일전 전역자로 교육입소 및 근무가 가능한 자

❷ 공단【인사규정제11조(결격사유)1)】에해당하지않는자

❸ 외국어 : TOEIC700점이상
  공인외국어 성적 점수는 서류전형 지원 대상 여부만 판단하고, 점수에 따른 별도 평가는 하지 않음

❹ 우대사항
  - 사회복지사1급/2급,국제재무설계사(CFP),한국재무설계사(AFPK)
  - 서류전형 면제(1회에 한함)
    · 국민연금 대학생 영상 공모전 우수상 이상 수상자
    · 국민연금 대학생 홍보대사 및 대학생기자 수료자

■ **전형절차**

❶ 서류전형
  - 기본사항 및 우대사항 등을 고려하여 채용예정 인원의 10배수 내외 선발
  - NCS 기반 역량중심 자기소개서

- 자기소개서 각 항목을 반드시 500자 이상 구체적으로 성실하게 작성

❷ **필기시험**

- 종합직무지식평가 2 (100문항, 100분)
- 채용 예정인원의 2배수 내외 선발

❸ **인성검사**

- 온라인을 통한 인성검사 실시
- 인성검사에 응시한 지원자에 한하여 면접전형 실시

❹ **면접전형 : 집단 면접 등 NCS 기반 직무능력 중심 평가**

❺ **최종합격자선발**

- 필기시험점수와면접점수를종합적으로고려하여최종합격자결정
- 선발자 중 신체검사 합격자에 한하여 임용

■ **일정**

- 서류 전형 합격자 발표 : 11.24
- 필기시험 : 11.28(합격자 발표 : 12.2)
- 인성검사 : 12.2~3
- 면접전형 : 12.9~10
- 최종합격자선발 : 12.14
- 임용 : 12.17예정

[참조 1] 2015년 주요 공공기관 전형 절차(각 공공기관 발표 자료 요약)

:: **한국동서발전**

■ **모집분야 및 인원** : 정규직채용연계형(인턴사원)   (단위 : 명)

법정	상경	화학
6	18	17

■ **자격요건** : NCS(국가직무능력표준)기반능력중심채용

❶ 학력 : 제한없음

❷ 연령 : 제한없음

❸ 전공 : 제한없음

❹ 병역 : 군필 또는 면제자(지원서 마감일까지 전역 가능한 자 포함)

❺ 기타

　– 우리회사 인사관리 규정 제16조의 결격사유가 없는 자

　– 2015년12월부터근무가능한자

　– 채용수준 : 채용형 청년인턴(대졸수준)

　　· 3개월 인턴기간 수료 후 별도의 선발과정을 거쳐 약 83% 정규직 전환

　　　※ 단, 모집 직군별 전환인원이 10명(n)이하인 경우, (n-1)명을 정규직 전환

　　· 정규직 전환 예정일 : 2016년 3월말~4월초

　　· 정규직 전환시 채용수준 : 실제 학력에 상관없이 대졸수준 정규직

　　· 근무지역 : 당진, 울산, 여수, 동해, 일산

■ 전형절차

❶ 서류접수 : 입사지원서및자기소개서

※ '스펙 초월 채용'으로 서류전형 과정 없이 지원자는 전원 필기전형 실시.
단, 자기소개서 불성실 작성자는 탈락처리

❷ 1차 필기전형 : 전공시험,한국사

- 종합직무지식평가 2 (100문항, 100분)
- 채용 예정인원의 2배수 내외 선발

❸ 2차 필기전형 : 인성검사 및 NCS 직업기초능력 검사

❹ 1차면접전형 : 집단토론면접+논술

❺ 2차면접전형 : 직무면접+인성면접

- 각 전형별 합격자에 한해 차기전형 응시가능
- 전형별 장소 및 일정은 추후공지/ 전형별 합격자는 채용 홈페이지 및 e-mail 통보

■ 일정

- 서류접수 : 11.5
- 1차필기전형 : 11.14
- 1차면접전형 : 11월말~12월초
- 서류심사 합격자 발표 : 11.10
- 2차필기전형 : 11.21
- 2차면접전형 : 12월중

※ 상기일정은회사사정으로변경될수있음

[참조 1] 2015년 주요 공공기관 전형 절차(각 공공기관 발표 자료 요약)

:: **한국도로공사**

■ 모집분야 및 인원

(단위 : 명)

일반공채		일반공채(경북)	
사무직	기술직	사무직	기술직
경영 00/ 행정 00/ 법률0	토목 00/ 건축 0/ 전기 0/ 조경 0/ 기계설비 0/ 정보통신0	경영 0/ 토목 0	정보통신 0

■ 자격요건

공채 인턴 신분으로 현장실습 (5개월 내외, 단 인력수여건에 따라 연장 가능)실습 기간 종료 후 특별한 결격사유가 없으면 정규직(5급) 임용

❶ 학력, 연령 제한없음

❷ 병역사항

  – 남자의 경우 병역필 또는 면제자 (병역특례 근무중인 자 제외)

  – 2015년 12월부터 근무 가능한 자

❸ 공사 인사규정 제8조(붙임1)의 결격사유가 없는 자

  – 채용일(2015년 3월중 예정)로부터 근무 가능자 및 지방근무 가능자

❹ 필수어학기준(택1) : TOEIC 700점, TEPS 625점, TOEFL(IBT) 71점 이상

❺ 필수자격증 : 해당분야 기사 이상(기술직만 해당)

  – 자격증 가점격증 가점은 가장 유리한 자격증 1개만 적용

■ 전형절차

❶ 서류전형

❷ 필기전형 : 전공(직무지식),직무능력평가

- 전공(직무지식) 필기시험 : 70% 내외

- 직무능력평가

· EXAT : 언어추론, 수리판단, 한국사 포함 공사상식 : 30% 내외

- 전공(직무지식)필기 점수, 직무능력평가 점수, 필기전형 부가가점을 합계한 고득점자 순으로 최종 선발인원의 1.5배수 선발

※ 전공(직무지식)필기시험의 경우 40% 미만 득점시 불합격 처리함

❸ 면접전형 : 시뮬레이션 PT 면접 및 역량 면접

- 직무와 관련된 경험, 상황 등을 반영한 구조화된 면접지를 통해 도공인으로서의 직무수행능력을 평가

- 면접대상 : 필기전형 합격자

※ 면접전형 대상자의 경우 면접 당일 인적성검사 실시 예정

❹ 최종합격자발표

- 선발방법 : 필기전형 및 면접전형 점수, 법정가점합계 고득점자 순 각 전형별 합격자에 한하여 다음 전형 응시자격 부여

■ 일정

- 원서접수 : 2.10   - 필기전형 응시 대상자 공고 : 3.2

- 필기전형(전공(직무지식),직무능력평가) : 3.8

- 면접전형(PT,역량) : 추후통보   - 최종합격자 발표 : 추후통보

[참조 1] 2015년 주요 공공기관 전형 절차(각 공공기관 발표 자료 요약)

:: **한국주택금융공사**

■ **모집분야 및 인원** : 채용형인턴(일반 OO명, 전산 O명)

■ **자격요건**

❶ 학력, 연령 등 제한없음

– 남자의 경우 군필자 또는 면제자

다만, 현재 군복무중인 자 중 근무시작 전에 전역 가능한 자는 지원 가능공사 「인사규정」상 채용금지자에 해당되지 않는 자

– '15년 7월부터 근무 가능한 자

다만 '15.7월부터 근무 가능해야 하므로, 공고일 현재 대학 및 대학원 재학중인 자는 '15.8월 및 '16.2월 졸업예정자에 한해 지원 가능

❷ 수도권 대학교 및 고등학교 소재지와 상관없이 지원 가능

– 비수도권 대졸 : 대학교 소재지가 비수도권 지역인 자

❸ 채용형태 : 인턴

– 근무기간 : 약 5개월(기간 만료 후 고용관계가 소멸되는 기간제 근로자)

– 정규직 전환 : 인턴근무 평가*를 통해 부적격자를 제외한 전원 정규직 전환(단, 부적격자는 계약기간 종료와 동시에 고용관계 소멸)

– 인턴 기간 중 기본소양, 직무능력 및 태도 평가, 최종 채용심사 등을 통해 평가

– 15.7월부터 근무 가능해야 하며 졸업 등의 사유로 입사유예 불가

❹ 2차 면접에 합격된 경우에도 건강검진 및 신원조사결과에 따라 임용되지 않을수 있음

❺ 모집분야 : NCS기반채용직무소개서참조

■ 전형절차

❶ 서류전형 : NCS기반 직무능력 검증

- 학교성적 : 최종학교 누적성적(대학원 이상은 대학교 성적)

- 자기소개서 : 지원사유 등

- 직무능력기술서 : 직무 관련 지식/자격/경험/경력

❷ 필기전형 : :4년제 대학학력 수준으로 출제

- 공통: NCS기반 직업기초능력

  의사소통능력, 수리능력, 문제해결능력, 자원관리능력, 직업윤리 등 객관식 50점

- 지원분야별

  · 일반 : 경영학(재무관리, 회계 포함), 경제학/ 민법, 상법, 민사소송법 약술 및 논술형 100점

  · 전산 : 데이터베이스, 데이터통신, 소프트웨어공학, 운영체제, 전자계산기구조, 전산보안 등 약술 및 논술형 100점

❸ 1차면접(실무자) : 토론면접, 역량면접(NCS기반직무능력면접)

❹ 2차면접(임원) : 인성면접

❺ 건강검진및신원조사

■ 일정

- 지원서접수마감 : 4.20
- 서류전형합격자발표 : 4.29
- 필기전형 : 5.16
- 필기전형합격자발표 : 5.20
- 면접일정 : 5월중
- 최종합격자발표 : 6월중

※ 전형절차 및 일정은 공사사정에 따라 다소 변동 가능(변경된 일정은 공사 홈페이지에 사전 공지 예정)

[참조 1] 2015년 주요 공공기관 전형 절차(각 공공기관 발표 자료 요약)

:: **한국국토정보공사**

■ 모집분야 및 인원

(단위 : 명)

기획경영		국토정보		
기획행정	경영회계	지적측량	공간정보	국토조사
4	4	56	6	6

■ 자격요건

❶ 채용구분 : 채용형 인턴

❷ 정규직전환기준

공채합격자는 4개월간 인턴과정 후 연수성적, 업무수행능력, 실무평가, 근무자세 및 발전 가능성 등을 종합적으로 평가하여 우수 인턴사원에 대해 88% 이상 정규직으로 임용

❸ 스펙초월 열린 채용 : 학력, 전공, 성별, 나이제한, 서류전형 없음

  - 단, 18세 미만자, 공사 정년(만 60세) 초과자 제외

  - 2016년 1월부터 인턴사원으로 전일근무가 가능한 자

  - 각 채용분야, 모집지역을 달리하여 중복 지원 불가

  - 자격증, 어학성적, 나이, 학력 등의 기준은 지원서 접수마감일

  - 지적측량 분야(국토정보, 고졸)의 경우 지적기사/ 산업기사/ 기능사 자격증 보유자만 지원 가능

❹ 남성의 경우 병역을 필하였거나 면제된 자(고졸전형은 제외)

❺ 최근 2년이내 공인어학성적증명서 제출

- 공인어학성적 : TOEIC, TOEFL, TEPS
- 국외시험, 특별시험, 수시시험을 제외한 정기시험에 한함.
  · 기획경영 : 토익 750점 이상, 국토정보 : 토익 500점 이상

■ **전형절차** : NCS기반직무능력중심선발

❶ 역량기반지원서

해당 직무와 관련된 교육, 자격증, 경력, 기타 활동 등을 작성하는 직무 중심의 입사지원서 및 자기소개서 (합격자결정에 점수 반영되지 않으며, 면접자료 등으로 활용)

❷ 직업기초능력평가

- 직업성격검사(30분) : 점수 미반영, 적합여부만 결정
- 직무능력검사(약 60분) : 업무수행에 요구되는 직무기본능력 측정
  · 기획경영 : 의사소통능력, 문제해결능력, 자원관리능력, 조직이해능력
  · 국토정보 : 수리능력, 문제해결능력, 정보능력, 기술능력

❸ 직무지식검사

- 지원분야별 객관식 4지 선다형, 과목별 100점 만점
- 기초통계학 및 관계법규는 공통과목임

❹ 역량면접

■ **일정**

- 원서접수 : 11.9~13
- 필기시험 : 11.28
- 필기시험합격자발표 : 12.8
- 역량면접 : 12.17~18
- 최종합격자발표 : 12.23
- 인턴십기간 : 2016.1월~4월

[참조 1] 2015년 주요 공공기관 전형 절차(각 공공기관 발표 자료 요약)

:: **인천국제공항공사**

■ **모집분야 및 인원** : 일반직5급(정규직)

사무	기술
경영행정 00명	건축, 기계, 전력, 전산, 토목, 통전 00명

■ **자격요건**

❶ 학력, 연령, 성별, 경력 등에 관계 없이 지원 가능(남자는 군필 또는 면제자)
   - 최종 합격자 발표이후 즉시 근무 가능한 자
   - 공사 인사규정에 따른 결격사유가 없는 자

❷ 어학
   - 영어, 중국어, 일어, 독어, 불어, 스페인어, 러시아어 중 1개의 공인어학 성적 보유자
   - 영어 토익 800점 이상
   - 응시접수 마감일 기준 최근 2년 이내 성적만 인정

❸ 전공
   - 사무 : 제한없음
   - 기술 : 대학또는 고교의 해당학과 관련 학과 전공자
     관련학과 미전공자도 희망분야 기사 자격 보유자 또는 복수전공자는 지원가능

■ **전형절차** : NCS기반채용

❶ 서류전형

❷ **필기전형** : 직업기초능력시험, 인성검사(적/부판정)
  – 전공시험
    경영 : 경영/경제 중 택1, 행정 : 법학/행정 중 택1, 기술 : 해당전공

❸ **1차면접** : 실무진 면접
  – 상황, 경험, 구조화면점, 인성/토론면접, 영어면접(상황, 비즈니스 writing)

❹ **2차면접** : 경영진 면접

❺ **신원조회 및 신체검사**

※ 각 전형별 합격자에 한해 다음 단계 전형 응시자격 부여

■ **일정**
  – 접수마감 : 11.9   – 서류합격자발표 : 11월중순
  – 필기전형 : 11월하순   – 1차면접 : 12월초
  – 2차면접 : 1차 면접 합격자에 한해 별도 통보

우리 자녀,
어떤 회사를
가야 하나?

지금까지 해온 이야기들은 현재 취업 시장과 취업준비생 자녀가 처한 상황에 대한 것이었다. 이를 통해 부모가 취업준비생 자녀를 좀 더 현실적으로 이해하고 소통할 수 있길 바란다. 후반부인 5장, 6장, 그리고 7장에서는 취업에 필요한 실전 노하우를 이야기 하고자 한다. 이 부분은 실제 취업에 바로 적용할 수 있는 유용한 사항들이기에 취업준비생 자녀와 꼭 함께 보길 바란다.

Part 01.

회사 선택보다
지피지기(知彼知己)가
먼저다

세상에는 많은 회사가 있다. 코스피(KOSPI)와 코스닥(KOSDAQ) 상장 사만 해도 2,000여개 가까이 된다. 이렇게 많은 회사 중에서 자녀가 어떤 회사를 갔으면 좋겠는가? 큰 회사? 안정적인 회사? 이름만 대면 누구나 아는 회사? 연봉이 높은 회사? 아래 표는 2014년도 우리나라 기업 임직원 평균연봉 상위권 회사들이다.(조선일보, 2015년 4월 2일자) 당연히 모두들 표에 나온 회사들에 가고 싶어할 것이다.

순위	회사명	평균 급여(단위 :원)	직원수(명)
1	삼성전자	1억 200만	9만 9382
1	SK텔레콤	1억 200만	4253
3	서울도시가스	1억	567
4	현대차	9700만	6만 4956
4	기아차	9700만	3만 4112
6	현대모비스	9000만	8068
6	현대로템	8972만	3837
8	에쓰오일	8900만	2796

9	삼성물산	8900만	8663
9	SBS	8900만	929
11	한라비스테온공조	8844만	2052
12	삼성정밀화학	8800만	899
13	현대제철	8700만	1만 753
14	(주)LG	8544만	101
15	GS칼텍스	8402만	3156
16	포스코	8200만	1만 7877
17	삼성SDS	8100만	1만 4139
18	제일기획	7900만	1293
19	KT&G	7800만	4158
20	현대중공업	7527만	2만 8291

[임직원 평균 연봉 높은 주요 금융사]

순위	회사명	평균 급여(단위 :원)	직원수(명)
1	신한지주	1억 700만	155
2	KB금융	1억 200만	168
3	하나금융지주	9900억	101
4	KTB투자증권	9225만	312
5	삼성화재	9150만	5498

자료 : 각사 사업보고서

부모 입장에서는 아마도 주위에 '우리 아들 혹은 우리 딸 어디 다녀'라고 했을 때 사람들이 '와~!'하는 데가 제일이 아닐까 싶기도 하다. 그런데, 그런 기업일수록 경쟁이 보통이 아니다. 스펙은 말할 것도 없고 면접장이 피 튀긴다. 그런 전쟁 같은 치열한 경쟁 속에서 어떻게 돋보이고, 합격에 가까워 질 수 있을까? 그것은 바로 지원자가 갖춘 능력들과 기업과 직무의 필요가 맞을 때 가능하다. 필자는 이를 적합성이라고 부르고자 한다. 기업에서 지원자에게 가장 먼저 묻는 것도 바로 이것이다. '왜 우리 회사에 지원했느냐', '왜 우리가 당신을 뽑아야 하느냐'와 같은 적합성에 대한 확인이 채용의 핵심 사항이다. 이에 대해 제대로 된 자기만의 준비가 되어있지 않으면 취업은 어렵다고 봐야 한다. 아무리 좋은 회사이고, 내가 간절히 가고 싶다고 해도 이 적합성이 맞지 않으면 갈 수가 없다. 이 적합성은 자기분석과 기업분석을 통해 도출해야 한다. 손자병법에서는 '지피지기면 백전불태', 즉 적을 알고 나를 알면 백번 싸워도 위태롭지 않다고 했다(흔히 백전백승이라고 잘못 알고 있는 경우가 많은데 이번 기회에 정확히 알아두도록 하자.). 즉, 회사 선택보다 자기분석과 기업분석을 통한 적합성을 만들어 내는 것이 중요한 것임을 명심하자.

자기 분석		기업분석
목표		경영
경험	적합성	마케팅
성향		재무
역량		생산

Part 02

지기(知己),
너 자신을 알라

:: **목표** : 뚜렷한 목표가 좋은 지원동기를 낳는다

가깝게 지내는 선배 분이 자신의 아들에 대한 고민을 털어놓았다. 어렵게 뒷받침해서 미국에서 중고교와 명문대학을 졸업하고 귀국했는데, 일자리를 찾지 못해 고민이라는 것이었다. 좋은 학벌과 뛰어난 어학 실력에도 불구하고 임시 학원강사 자리를 전전하는 것이 너무나 안타까우니 만나서 진로에 대한 조언을 부탁하였다. 직접 만나보니 다소 숫기가 부족한 것을 제외하고는 학벌이나 어학 실력은 물론 외모나 지적 능력도 나무랄 데가 없는 재원이었다. 문제는 본인이 정말로 하고 싶은 일이 무엇인지 모른 다는 것이었다. 어느 회사를 가고 싶으냐는 얘기는 아예 꺼내지조차 못할 정도였다. 막연하게 마케팅 관련 일을 하고 싶다는 정도였다. 미국 명문 주립대를 나오고 학점은 우수한 편이었으나, 인문학 계열 전공에 마케팅 관련 수업이나 관련 활동은 전무하였다. 마케팅에 관한 관심도 불명확했다. 어디서부터 조언을 해줘야 할지 망설여질 정도였다. 취업컨설팅 할

때 가장 어려운 케이스로 본인이 좋아하는 것도, 잘하는 것도 없는 경우다. 이 상태로 지원한다면 당연히 불합격이 뻔해 보였다. 죽어라 마케팅 일을 하기 위해 준비해온 다른 취업준비생들의 들러리 역할 밖에 안될 것이 분명했다. 결국 무엇보다 먼저 본인이 정말 잘하거나, 좋아하는 일을 찾아 보라는 말밖에 할 수 없었다. 지금은 연락이 안되어 어디서 어떤 일을 하는 지는 알 수 없지만 부디 필자의 조언대로 자신만의 일을 찾아서 하고 있었으면 하는 바램이다.

어떤 이는 좋아하는 일을 하는 것이 맞는다고 하고 다른 누군가는 잘하는 일을 해야 한다고 한다. 가장 좋은 것은 두 가지가 겹치면서 돈도 잘 벌고 인정도 받는 것이다. 결국 그런 일을 할 수 있는 회사를 찾아가는 것이 최선이다. 하지만 그런 회사를 찾기란 쉽지 않다. 그 중 어느 것 만족하는 조건이 있다면 다행이다. 가장 안 좋은 경우는 위의 얘기한 사례처럼 어느 것도 찾지 못해서 헤매는 사람이다. 잘하든, 좋아하든, 돈이든, 출세든지 간에 왜 이 일을 하고, 이 회사에 가야 하는지에 대한 자신만의 뚜렷한 목표가 있어야 한다. 그래야 어느 회사를 갈지, 어떤 직무를 할지, 지원동기에는 뭐라고 쓸지가 분명해진다.

회사와 직무를 선택하는 이유가 명확 하려면 취업준비생 본인의 장단기 목표가 뚜렷해야 한다. 삼성전자든, 현대자동차든, 어느 기업이 되었든지 간에 꼭 그 기업에 입사해야만 하는 이유를 분명히 해야 한다. 이것이 자기분석의 첫 걸음이다. 이어서 장기목표와 그 이유도 마련해 놓아야 한다. 그래야 미래포부와 입사 후 기여 방안과 같은 질문들에 대해 말할 수 있다.

많은 취업준비생들이 이 정도 스펙이면 대기업 취업에 유리하냐고 물어온다. 그때마다 필자는 오히려 그들에게 왜 그 회사에 가고 싶고, 무슨 일을 하려고 하기에 그 스펙이 필요하냐고 반문한다. 목표가 불명확하면 지원동기에 대해 우물쭈물 하게 되고, 향후 포부는 임원이 되는 것이라고 정해진 듯이 답한다. 그리고 탈락자 대열에 들어서게 된다. 목표가 명확할수록 어떤 회사로 갈 지와 어떻게 준비해야 할 지가 명확해 지며, 이것이 진정한 취업경쟁력이며 차별화된 강점이다.

:: 경험

기업에서 지원자에게 경험을 묻는 이유는 기업에서 하는 업무들이 모두 문제의 발생과 그것을 해결하는 과정이기 때문이다. 일을 하다 보면 예상치 못하거나 어려운 일들이 많이 생기는데 이 때 중요한 것이 이를 헤쳐나가는 능력이다. 크게는 자금위기와 같은 기업 존폐가 달린 문제부터, 작게는 창립기념행사 실시 같은 상황도 있다. 따라서 지원자가 과거에 문제 상황을 만나 이를 잘 극복한 경험을 가진 사람이라면 앞으로 회사 생활을 하면서 겪게 될 문제들도 잘 해결해 나갈 수 있을 것으로 본다. 그래서 성공이든 실패든 결과가 중요한 것이 아니라 과정과 결과를 통해 얻은 것이 무엇이냐를 궁금해 한다. 아울러, 그 경험이 조직과 직무 관련성이 있다면 업무 적응력이 좀더 빠르고 성과를 내는데 유리할 수 있다고 보고 선호하게 된다. 예를 들어 전공 수업, 프로젝트, 인턴, 아르바이트 등을 경험하면서 체득한 지식과 에피소드들이 될 수 있다. 프로젝트를 자신만의 노력과 창의로 성공해냈다거나, 매장 아르바이트 중에 자신의 아이디어로 매출이 오르거나, 손님들의 만족도가 올랐다는 것은 좋은 예이다. 조직 관련 경험은 기업에 입사 후 접하게 되는 조직 및 사람 문제에 대해 어떻게 대처할 수 있는가를 보고자 함이다. 학과, 프로젝트, 팀 과제, 동아리, 기타 대외 활동 등에서 조직의 리더를 맡거나 팀의 일원으로써 어려운 상황을 극복한 경험이 선호된다. 아마 대부분 대입 자소서를 써본 경험이 있기 때문에 부모들도 어느 정도 감은 올 것이다.

:: 경험의 바탕, Life Event를 기록하라

자신의 경험을 정리하는 방법으로 중요했던 경험들을 발생시간 순으로 정리하는 것이 있다. 영화 올드보이를 보면 주인공이 15년간 갇혀서 만두만 먹게 된다. 그곳에서 했던 중요한 일 중의 하나가 살아온 세월 동안 저지른 악행의 자서전을 쓰는 것이었다. 아주 사소한 일부터 큰 잘못까지 모두 적었다. 비유가 이상할진 몰라도 자소서와 면접의 경험 항목에 답하기 위해 이처럼 지금까지 자신이 살아오고 경험한 것들을 모두 정리해보는 일이 필요하다. 이왕이면 시간 순으로 정리하면 좀 더 쉬울 것이다. 며칠이 걸려도 좋다. 성공과 자랑스러웠던 기억뿐만 아니라 실패와 부끄러웠던 순간들도 적어보자. 그 과정과 거기에서 얻은 교훈과 결과들도 정리해보자. 숨김이나 가감이 없어야 한다. 소재와 분량은 많을수록 좋다. 또한 깊이가 있을수록 좋다. 정리의 효율성을 위해 아래의 표와 같이 시기별이나 년도별로 작성할 것을 권한다.

[Life Event 기록표 예시]

시기	년도	이벤트	내용
유초등	1989~2001		
중교고	2002~2007		
대학	2008		
	2009		
	2012		
	2013		
	2014		
군대	2010		
	2011		
졸업 후	2015		

정리를 하다 보면 알겠지만 아주 특별한 사건이나 이벤트가 없는 한, 사실상 대학 시절의 경험이 대부분일 것이다. 멀리가야 고교시절까지의 추억일 것이다. 따라서, 대학 시절의 경험이 가장 중요한 포인트가 된다. 그래서, 대학 시절에 여러 가지 다양한 경험들을 해보라고 권하는 것이다. 그런데, 사실 대학생들이 할 수 있는 경험이란 것이 거기서 거기인 경우가 대부분이다. 학교 생활과 아르바이트, 동아리 정도이다. 이처럼 내세울 만한 특별한 경험이 없다고 하소연 하는 취업준비생들을 많이 보게 된다. 따라서, 자소서 작성이

나 면접 답변 준비 시에 다른 항목보다 특히 경험에 있어서 어려움을 토로하게 된다. 필자도 공감하는 바이다. 그런데, 그들과 이야기하다 보면 소소하지만 충분히 소재가 되는 이야깃거리가 있음을 발견하게 된다. 아주 극적이지는 않더라도 누구나 자신만의 어려운 상황, 문제 상황을 겪지 않은 사람은 없다. 그 크기만 상대적인 차이가 있을 뿐이다. 결국 문제는 소재의 빈곤이 아닌 해석의 빈곤이라고 할 수 있다. 소재는 적지 않다. 다만 그것을 어떻게 정의하고 해석하느냐의 차이인 것이다.

:: **성향**(성격, 가치관) : 자신에 대한 깊이 있는 생각이 차별화된 답을 가져온다

면접장에서 본인 성격의 장단점을 얘기해 보라는 간단한 질문 조차 쉽게 답을 하지 못하는 지원자가 적지 않다. 또한, 단점에 대해서는 어디선가 들어본 듯한 대답들이 많다. '너무 꼼꼼해서 일 처리가 늦어질 때가 있습니다', '사교적이고 친화력이 있다 보니 모임에서 회장이나 총무 등을 많이 맡아 제 시간이 부족할 때가 있습니다' 등이 그와 같은 예이다. 왜 그렇게도 취업준비생들은 꼼꼼하고 사교성이 좋은 사람이 많은지 모르겠다. 스스로 자신의 내면에 대해 깊이 생각할수록 남들과는 다른 자신만의 대답이 나오게 되어 있다.

가치관은 사람과 사물, 세상을 바라보는 시각으로 좋고 싫음에 관련된 것이다. 옳고 그름, 진위여부를 가리는 사실 판단과 달리 정답이 없는 문제다. 자신이 어떤 사람, 상황, 사물, 일을 왜 좋아하고, 싫어하는지 이번 기회에 정리해보자.

:: **역량**(지식, 능력, 기술, 스펙) : 갈수록 중요성이 증가하는 항목

앞서 회사에서 필요로 하는 역량은 해당 직무에서 '일 잘하는 사람의 지식, 기술, 태도, 행동'이라고 말한 바 있다. 이처럼 취업준비생들도 자신의 지식, 기술, 행동과 함께 능력 들을 정리해보자. 지식은 전공, 경영 지식, 상식, 직무 관련 등이 있을 수 있고, 기술은 바로 써먹을 수 있는 IT, 어학, 자격증 등이 될 수 있다. 능력은 업무에 필요한 무형의 능력을 떠올리면 좋다. 성과를 내기 위해서는 회사와 직무가 무엇이든지 간에 문제해결력, 분석적 의사결정력, 논리적 추론 능력, 설득력, 언어 능력, 상황판단 및 대처능력이 필요하다. 능력 부분이 추상적 개념이라서 혼자 판단하기에는 어려울 경우 적성검사 문제들을 풀어보면 좀 더 구체적으로 알 수 있다. 적성검사가 바로 이 같은 능력을 측정하기 위한 것이기 때문이다. 기업들도 이 같은 능력을 확인하기 위해 1차적으로 적성검사를 통해 필터링 하고, 면접, PT식, 토론, 과제, 합숙 등으로 또 한번 검증하게 된다. 그만큼 역량에 대한 기업의 관심이 커지고 있다. 앞서 제시한 기업 역량 사례와 같이 실제 희망 기업과 직무의 필요 역량을 구해보는 것이 바람직하다.

지금까지 살펴본 자기분석의 내용을 하나의 표로 정리하면 다음과 같다. 이것은 예시일 뿐이며 실제 작성시에는 보다 자세한 내용이 들어가야 함은 두말할 필요 없다. 아울러, 경험 항목에 있어서 성공과 실패를 모두 적은 것과 마찬가지로 다른 항목들도 좋은 것, 장점만 적는 것이 아니라 약한 면도 함께 적어야 한다.

[자기분석 정리 예시]

목표	단기	A사 마케팅 직무, B사 기획 직무, C사 영업 직무
	장기	A사 마케팅 임원, 창업, 컨설턴트
경험	성공	SNS운영, 커머스 회사 인턴, 과제, 동아리
	실패	대학 입시
성향	성격	인내심, 긍정적, 친화력
	가치관	정직성, 조직 우선
역량	지식	SNS, 모바일, 전공, 마케팅지식
	능력	분석력, 언어 능력, 창의력, 운동능력
	기술	블로그제작
	스펙	토익, 자격증, 봉사활동

Part 03

지피(知彼),
입사 희망 기업을
철저히 파헤쳐라

:: **기업분석 없는 지원은 이미 지는 싸움, 기업분석의 수준이 곧 지원자 수준,**
기업분석의 깊이는 경쟁력의 기본

세계 최고 부자 중 한명인 워렌 버핏은 그렇게 돈이 많아도 함부로 투자하지 않는다. 투자 전에 누구보다도 꼼꼼히 기업분석을 한 후에야 투자에 나선다. 자녀의 청춘과 인생은 워렌 버핏의 모든 돈을 합친 것보다 수백만 배나 가치가 있다. 그렇게 귀한 것을 묻지마 투자 할 수는 없는 일이다. 자녀도 물론 조사하겠지만 부모 역시 자녀 입시 때 대학과 전공 조사 하듯이 자녀의 입사 희망 기업에 대해 파보자. 다른 지원자들은 생각조차 못하는 부분까지 조사해보자. 지원한 회사에서 '아니 이런 것까지 알고 있었어?'라고 할 정도로 해보자. 신문기사나 공시자료는 기본이고 재직자를 통해 살아있는 정보도 얻어야 한다. 그것이 다른 지원자 보다 한 걸음 앞서게 하는 것은 물론이고, 자소서에 쓰이는 단어가 달라지게 하고, 면접에서 말하는 내용을 바꾸어 놓는다. 아래는 입사 희망기업 분석 예시이다. 지원자에 따라 분석 항목을 추가할 수도 있다. 항목 옆의 분석도구는 대상 기업 분석뿐만 아니라, 자소서와 면접 질문에 대한 답변 준비에 유용하게 사용될 수 있다. 각각에 대해 간략하지만 핵심적인 설명을 해놓았으니 참조하기 바란다. 특히, 경영과 마케팅 부분은 직무에세이와 일반 면접, PT 면접 등에 출제되는 비중이 높으니 참조하기 바란다. 이에 대비하기 위해서는 기업분석과 경영전략, 마케팅, 재무회계, 생산 등에 대한 직무 지식과 함께 자기분석 편에서 이야기한 분석력, 문제해결력, 논리추론 능력 등이 필요하다. 경영 전공자와 비전공자간에 차이가 날 수 밖에 없는 부분이다. 이를 보완하는데 도움이 되도록 짧은 시간 안에 비전공자가 익힐 수 있도록 핵심개념과 함께 연습, 기출 문제들을 정리하여 보았다. 이같이 지원자가 틀을 가지고 이야기 해야 흐름에서 벗어나지 않고 안정적으로 이야기할 수 있으며, 면접관도 납득이 될 수 있다. 일단 머리 속에 틀이 있으면 상황에 따라 적절히 응용할 수 있지만 그렇지 않은 경우 매끄럽게 답하기가 쉽지 않다.

[입사 희망기업 분석 예시]

구분	항목	분석도구
경 영	연혁, 미션·비전·가치, 기업문화, 경영전략, 인재상, 사업영역, 경영진, 최신 기사, 평판, 조직도, 업계 동향, 경쟁사, 경영자원, 강약점, 경영환경	3C분석 산업구조분석 산업수명주기분석
제 품 서비스	주력 제품·서비스, 서비스 제공 프로세스 생산 공정·시스템 과거 및 최근 제품·서비스 이슈, 사용 경험	가치사슬분석

마케팅	시장, 고객, 타겟층, 포지셔닝과 차별화 제품·서비스, 가격 정책, 광고·마케팅, 유통 고객만족도	마케팅 전략과 마케팅 믹스 (STP & 4P)
재 무	매출, 원가, 비용, 이익, 현금흐름 성장성, 안정성, 활동성, 수익성, EBITDA, ROE, ROA, ROIC 최근 주가, 시가총액, 대주주, 공시사항, EPS, PER, PBR	사업보고서, 재무상태표 손익계산서, 감사보고서 애널리스트 리포트 IR 자료
인프라	사업장, 사옥, 전산시스템, 물류배송체계 영업 매장, 공장, 사무환경	–
인 사 채 용	인원, 인원증감률, 이직률, 직원만족도, 인사방침 인사제도: 직급체계, 평가보상제도, 복리후생 인사노무이슈 실제 근무 희망 부서의 업무 내용/양, 팀 구성 지원 직무의 내용과 필요 역량	사업보고서 IR 자료 언론보도 현직자 네트워크 직무 및 역량분석자료

:: 기업분석 분석도구 설명

■ 3C 분석

기업에서 경영전략이나 마케팅 전략을 수립할 때 빼놓지 않고 하는 분석이 3C분석이다. 고객(Customer), 자사(Company), 경쟁사(Competitor)를 뜻하는 영어 단어의 각 이니셜을 딴 것으로, 전략 수립 핵심 요소인 이 3가지에 대해 각각 중요 사항을 확인하고 해결 방안을 마련하고자 하는 기법이다. 취업준비생들은 지원 기업의 고객은 누구이며, 경쟁사는 어디이고, 지원 회사의 강점과 약점은 무엇인지 파악해 두면 좋다. 뿐만 아니라 실제 면접에서 나오는 경영관련 문제에 맞닥뜨렸을 때에 효과적이면서도 중요한 대응 도구가 되어주는 역할도 한다. 아래 표는 3C분석 내용이고 빈 칸에 지원 회사에 대한 분석 내용을 넣어 보는 연습을 해보자. 이어지는 표는 3C 분석을 이용한 실제 기출 문제와 답변 예시이다. 이를 포함해 아래 각 분석도구에서 제시하는 답변은 어디까지나 예시이므로 참조만 하기 바란다.

[3C 분석 내용]

3C 분석		지원 회사
고객 Customer	우리의 고객은 누구이며, 원하는 것은? 시장의 특성과 성장성은?	
경쟁사 Competitor	경쟁자는 누구이며 강약점은 무엇인가? 경쟁자의 전략은 무엇인가?	
자사 Company	우리의 강약점과 자원은 무엇인가?	

'은행의 해외 진출 전략을 제시해보라(신한은행)'라는 질문에 3C분석 방법을 사용하여 답해보자.

Chapter 05
우리 자녀, 어떤 회사를 가야 하나?

[3C 분석 질문과 답변 예시]

구분	분석 내용	지원 회사
고객 Customer	당사의 현재 주력 시장인 국내 시장은 저출산과 고령화로 고객 수와 자산 규모가 정체되어 가고 있음 이에 비해 해외, 특히 아시아 시장은 인구와 자산이 급성장중임	[답변 방향 예시] 시장은 성장하고 매력적이지만 경쟁이 치열하며, 경쟁자의 전략이 막강한데 비해 자사의 자원과 역량은 부족함. 따라서, 당사 독자 진출은 리스크가 매우 큼
경쟁사 Competitor	이미 해외시장에 진출 중인 글로벌 및 국내 경쟁 금융사들은 브랜드 인지도, 점포망, 네트워크, 인력 등에서 경쟁력을 갖고 있음	
자사 Company	경쟁이 치열한 해외 시장 진출 시 막대한 마케팅 비용 예상 낮은 브랜드 인지도, 기존 국내 한정 이미지 점포망과 해외 전문 인력 부족 글로벌 금융 역량 미흡	진출 초기에는 현지 로컬 금융사와 제휴하고, 서서히 노하우를 습득하고 인력을 육성하여 독자화를 추진하는 것이 바람직함

■ **산업구조 분석**

　기업의 전략을 수립하기 위해서는 기업을 둘러싼 산업 환경을 알아야 한다. 여러 가지 요인 중에서 가장 영향력이 높은 것 5가지를 5forces라고 하고 이를 분석하는 것이 산업 구조 분석이다. 5가지란 구매자, 공급자, 대체재, 잠재적 진입자, 경쟁자를 말한다. 간단히 말해서 진입장벽이 높고, 공급자나 구매자에 대해 힘을 행사할 수 있으며, 경쟁자가 적고, 대체재가 작은 산업이 수익률이 높다는 것이다. 지원자들은 입사 희망 기업의 경쟁 기업이 누구이며, 구매자가 누구인지, 진입장벽은 어느 정도인지 등 어떤 경쟁 환경에 처해 있는지에 대한 분석을 통해 기업에 대한 이해를 높일 수 있다. 아울러, 경영 환경이나 경영 전략 문제가 나올 경우 이 같은 5가지 영향요인을 가지고 이야기 한다면 답변에 도움이 될 수 있다.

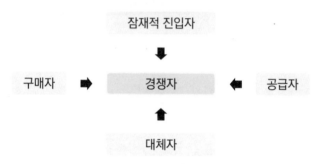

경영전략 문제를 만나면 사실 학생 수준에서, 그것도 비전공자라면 답하기가 쉽지 않다. 그런데, 이 같은 분석도구가 있다면 도움이 될 수 있다. 여기에 3C 분석과 아래의 산업수명주기를 더한다면 좀 더 내용이 충실한 답변이 될 수 있다.

[산업구조 분석 질문과 답변 예시]

구분		내용
연습	문제	입사 희망 기업이 속한 산업구조를 적어보라
	구매자	
	공급자	
	대체재	

	잠재적 진입자	
	경쟁자	
기출	문제	한 기업이 신규사업에 진출하려는데 어떤 사업에 진출하는 것이 좋을까(두산)
	구매자	[답변 방향 예시] 당사에 대한 구매자의 충성도가 높고, 당사 제품이 차별화 우위를 가져서 구매자에게 우위를 가질 수 있는 사업
	공급자	원료의 공급자가 많아서 힘이 크지 않은 사업
	대체재	대체재가 많지 않은 사업
	잠재적 진입자	설비나 브랜드 등 당사가 보유한 자원이 높은 진입 장벽이 되어 경쟁자가 진입할 수 없는 사업
	경쟁자	초기 사장으로 경쟁 강도가 심하지 않고, 당사가 경쟁력을 가질 수 있는 분야

■ **산업수명주기 분석**

산업수명주기 분석은 사람이나 생명체가 태어나서 유아동기, 청소년기, 중장년기, 노년기를 거치듯이 산업도 하나의 유기체와 같이 생명의 탄생과 성장, 성숙, 쇠퇴와 같은 단계를 거친다고 보는 것이다. 각 단계와 그 특징으로는 ① 도입기 : 낮은 경쟁, 작은 시장, 적은 수익 ② 성장기 : 시장 확대, 경쟁 증가, 수익 증가 ③ 성숙기 : 시장 정체, 경쟁 심화, 수익 감소 ④ 쇠퇴기 : 한계 기업 퇴출, 수익 악화 등이 있다. 취업준비생들은 지원하는 기업이 어떤 수명주기에 있는지 알고 지원하는 것이 바람직하다. 지금 같은 불황기에는 성장기 또는 성숙기에 있는 산업이나 회사에 지원하는 것이 도입기나 쇠퇴기에 있는 회사 보다 안정적일 수 있기 때문이다. 물론 도입기나 쇠퇴기에 있는 회사 중에서도 좋은 회사 있을 수 있으므로, 이것이 회사 선택의 절대 기준이 되는 것은 아니며 참고만 하도록 한다. 아울러, 이 분석 기법은 사업의 신규 진출이나 투자, 철수 등을 판단하는 데 도움이 될 수 있다. 따라서 관련 질문이 나오게 되면 이를 바탕으로 지금 회사 속해 있거나 속하고자 하는 시장이 어떤 단계에 있으며, 해당 단계에 맞는 전략을 설명하는데 도움이 된다.

아래 그림은 어떤 산업의 예를 든 것이다. 산업은 80년대에 시작해 2000년대에 정점을 맞이하고, 2010년대에 들어 쇠퇴기에 들어갔다.

[산업수명주기 분석 예시]

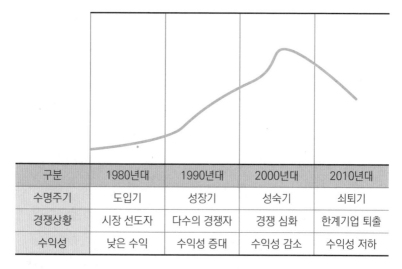

구분	1980년대	1990년대	2000년대	2010년대
수명주기	도입기	성장기	성숙기	쇠퇴기
경쟁상황	시장 선도자	다수의 경쟁자	경쟁 심화	한계기업 퇴출
수익성	낮은 수익	수익성 증대	수익성 감소	수익성 저하

[산업수명주기 분석 질문과 답변 예시]

구분		내용
연습	문제	입사 희망 기업이 속한 산업구조를 적어보라
	답변	
기출	문제	모바일 게임 시장에 대한 자신의 생각을 말해보라(게임빌)
	답변	[답변 방향 예시] 모바일 게임 시장에 대해 일부에서는 성숙기 시장이 되어서 시장이 정체되어 있다고 함. 이에 따라 경쟁은 심화되고 수익은 늘지 않기에 대박 게임도 없으며 신규 투자는 자제해야 한다고 함. 이는 일부만 맞는 얘기임. 국내 모바일 사용자와 사용시간은 갈수록 늘어갈 것이며 그 시간 점유에 있어서 킬러 콘텐츠인 SNS, 쇼핑, 뉴스, 동영상 시청 등과 함께 게임이 주를 이룰 것으로 예상됨. 게임 자체의 흥행과 함께 이 같은 다른 콘텐츠와의 연계를 통해 새로운 시장 영역을 개척한다면 충분히 성장 가능성이 큰 시장이라고 봄.

■ **가치사슬 분석**

비용 절감 방안을 내라고 하는 질문이 나왔다고 하자. 지원자 중에는 이면지쓰기, 한등 끄기 등 사소한 방안만을 제시하는데 그치는 사람이 있는데 너무 준비가 안되어 보인다. 또한, 과감하게 광고나 판촉 같은 마케팅 비용을 줄이자고 답하는 경우도 있다. 그런데, 기업 실정을 모른다면 부적합한 대답이 될 수 있다. 마케팅 부서가 쓰는 비용은 회사에 따라 핵심 활동일 수 있기 때문이다. 마케팅 비용을 줄이게 되면 회사에 돈을 벌어다 주는 핵심 활동을 축소시키게 되어 결국 수익성 악화로 이어져 비용절감의 본래 취지를 퇴색 시킬 수도 있다. 이처럼 기업에서 어떤 업무와 부서가 핵심적인 역할 즉, 가치를 창출하는지를 확인하는 것이 가치 사슬 분석이다. 가치사슬 분석은 가치를 창출하는 핵심활동, 그 활동의 강약점, 차별화 요인, 원가 구조를 분석하여 경쟁 요소를 찾아내기 위해 개발된 개념이다. 산업구조분석이 기업의 외부환경에 대한 분석이라면 가치사슬 분석은 기업내부의 능력에 대한 분석이다. 가치 창출의 직접성에 따라 본원적 활동과 지원 활동으로 나눈다. 제조업을 기준으로 볼 때 주로 제품의 생산·물류·마케팅·판매·서비스 등이 본원적 활동에, 구매·기술개발·인사·재무·기획 등 staff 부서가 지원 활동에 속하게 된다. IT, 유통, 금융 등 다른 업종은 이와는 다른 가치사슬을 보이게 된다.

[제조업 기준 가치 사슬]

지원 활동

Firm Infrastructure 기획, 재무, 전산, 법무

Human Resource Management 인사, 노무

Technology Development
기술개발, 연구, 디자인

Procurement 구매

· Inbound Logistics 배송 물류
· Operation 생산 품질
· Outbound Logistics 배송 물류
· Marketing & Sales 판매 홍보 프로모션 가격 유통
· Services 고객지원 AS

Profit

본원적활동

[가치사슬 분석 질문과 답변 예시]

구분		내용
연습	문제	입사 희망 기업의 가치사슬을 분석해보라
	답변	
기출	문제	브랜드 가치 유지에 매우 높은 비용이 소요되는데, 이익 관점에서 계속 브랜드 가치를 유지해야 하는가, 다른 곳에 투자해야 하는가(KGC인삼공사)
	답변	[답변 방향 예시] KGC인삼공사의 가치사슬에 있어서 브랜드 가치 유지와 같은 마케팅 활동은 핵심 활동이라고 생각함. 최근 중저가 제품이 시장에 많이 쏟아지고 있는 상황에서 소비자가 당사 제품을 선택하는 이유는 '정관장'이라는 브랜드 파워라고 생각함. 경쟁이 치열해 질수록 차별화를 가질 수 있는 부분은 제품이나 가격보다 브랜드임. 이를 통해 이익이 증가될 수 있음. 따라서, 비용이 크더라도 다른 부문에 투자하여 얻는 이익을 뛰어넘는 가치를 창출하기 때문에 유지해야 함.

한편, 지원자 입장에서는 이왕이면 같은 일을 하더라도 내가 하는 일이 핵심 역할, 본원적 활동에 속하는 회사로 가는 것이 바람직하다. 본원적 활동이라는 말 그대로 회사 내에서 중요한 부서이기 때문에 자원과 관심이 집중되고 좀 더 큰 일들을 할 기회가 많이 주어지게 된다. 그래야 일하는 재미도 나고 보상도 크다. 그런데 이것은 회사마다 다를 수 있는데 어떤 회사는 마케팅과 영업이 핵심일 수 있고, 어떤 회사는 생산이나 연구개발이 주요 직무일 수 있다. 업종마다, 기업마다 핵심 직무는 다를 수 있다. 입사 지원 전에 희망 직무가 희망 회사에서는 어떤 위치인지를 알아보는 것도 필요하다.

■ STP + 4P

한 회사의 마케팅을 알려면 그 회사의 고객, 가격, 상품·서비스, 유통, 광고 등을 알아야 한다. 이 같은 마케팅 분석 도구를 마케팅전략과 마케팅 믹스(Mix)라고 한다. 시장과 고객을 정하는 것이 전략이라 하고, 제품, 가격, 유통, 판촉을 뜻하는 각각의 영어 단어 첫 글자를 딴 4 P(Product·Service, Price, Promotion, Placement)를 전략에 맞게 적절하게 구사한다고 해서 Mix라고 한다. 마케팅 전략 구성요소에는 STP(Segmentation, Targeting, Positioning)가 있으며, STP는 고객에 대한 내용이 주를 이룬다. 누가 우리의 고객이냐를 정의하는 과정이다. 일반 대중을 세분화 하여 고객층을 만들고, 그 중에서 목표 고객을 정하고 그들에게 제품을 인식시키는 프로세스다. 4P는 마케팅을 실제로 하기 위해 제품을 정의하고, 유통과 판촉, 가격을 설정하는 것이다.

[SPT 개념]

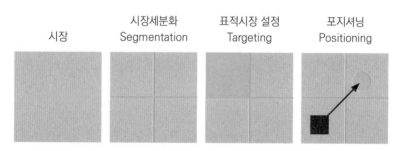

| 시장 | 시장세분화 Segmentation | 표적시장 설정 Targeting | 포지셔닝 Positioning |

[STP+4P 분석 질문과 답변 예시]

구분		내용
연습	문제 1	입사 희망 기업의 전반적인 마케팅 전략(STP)과 마케팅 믹스(4P)를 분석해보라
	답변	
	문제 2	특정 제품의 마케팅 담당자라고 생각하고 마케팅 전략(STP)과 마케팅 믹스(4P)를 제안해 보라
	답변	
기출	문제	1인 가구 증가에 따른 이마트 식품 MD를 제안해 보라' (2015년 이마트 드림스테이지 PT면접 주제)
	답변	[답변 방향 예시] 고객은 1인 가구의 다수를 차지하는 2030세대 중 일정소득 수준 이상으로 설정(segmentation). 이 가운데 끼니를 거르고 싶지는 않지만, 요리 부담 등으로 챙겨먹기가 쉽지 않은 사람들을 목표 고객으로 선정(targeting). 이들에게 구입과 요리의 부담을 줄여주면서도, 기존 간편식과 달리 든든함을 주는 이미지로 포지셔닝함(positioning). 제품(product)은 간편식 위주로 데우기만 하면 되는 편리성에 영양도 놓치지 않으면서 기존의 분식점이나 편의점과는 다른 품질을 지니도록 함. 분량이나 포장도 1~2인이 먹기에 적당하게 소포장함. 가격(price)은 낮은 가격부터 고가격까지 제품에 따라 다양화. 유통(placement)은 쇼핑이 쉽지 않은 고객 특성상 퇴근길에 모바일로 주문하고 결제하면 집 근처 점포에서 받아가거나 집으로 배달되도록 함. 광고와 판촉(promotion)은 간편식이지만 어머니의 따뜻한 손맛을 느낄 수 있다는 것과 함께 모바일 구매와 결제를 강조하는 광고를 사용.

■ 재무지표

경력직 직원이 이직하는 가장 큰 이유중의 하나는 회사의 재무상태와 관련된 것이다. 회사가 재무적으로 어려워 지면 장래성은 물론 당장의 급여까지도 위협받는 상황을 맞게 되기 때문이다. 신입사원도 마찬가지이다. 성장성뿐만 아니라 안정성이 중요하다. 겉은 그렇듯 한데 안을 들여다 보면 부실한 회사들이 여럿 있다. 간단한 재무상황은 공시된 재무분석표를 통해 알 수 있지만, 회사의 재무적 상황을 판단 할 수 있는 재무 분석 지표들을 스스로 확인하는 것도 필요하다. 포탈사이트의 금융페이지나 금융감독원 전자공시시스템 DART (dart.fss.or.kr)를 참조하면 관련 정보를 얻을 수 있다.

[재무회계 관련 질문과 답변 예시]

구분		내용
연습	문제 1	입사 희망 기업에 대해 재무비율분석을 해보라 (성장성, 안정성, 활동성, 수익성)
	답변	
	문제 2	앞서 실시한 가치사슬 분석과 기업의 사업보고서를 보고 원가절감 방안을 제시해보라
	답변	
기출	문제	원가절감 방안을 제시해보라(이랜드)
	답변	[답변 방향 예시] 원가절감은 크게 제조원가와 판매관리비(판관비) 두 가지 영역에서 이루어 질 수 있음. 제조원가 영역에서는 원자재, 생산, 품질 등과 관련된 각각의 원가 절감 요인을 찾고, 판관비에서는 영업, 마케팅, 인력관리 등의 항목을 분석함.

기출	답변	이를 통해 원부자재, 생산설비, 생산시스템, 구매 프로세스를 재점검하고, 영업비, 판촉비, 광고선전비, 인건비, 각종 행사, 비품, 소모품 등에서 발생하는 불요불급한 경비들을 절감하도록 함.

아래 그림은 삼성전자에 대한 증권사 리포트이다. 우리나라 증권사 리포트는 대부분이 매수(Buy) 의견으로 회사에 대한 정확한 정보를 투자자들에게 주지 못한다는 비판이 있다. 매도(Sell) 의견은 매우 드물고, 간혹 중립, 보유(Hold) 의견이 있는데 아래 리포트가 그 중 하나다. 일반적인 회사 홈페이지에 있는 내용보다 회사의 사업 현황과 향후 방향에 대해 좀 더 깊이 있는 내용들이 들어 있음을 볼 수 있다. 취업 준비를 하면서 지원자가 증권사 리포트까지 찾아보는 경우는 흔치 않다.

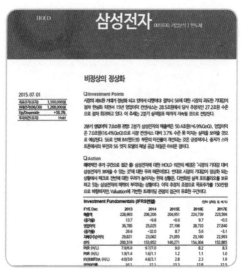

(동부증권, 2015년 7월 1일자 '삼성전자 종목분석 리포트)

■ 생산기술

생산기술과 품질에 관한 사항은 특히 제조업이라면 중요시 되는 사항으로 제조업 지원자 면접 질문으로 출제될 가능성이 높다. 생산기술 지원자들은 지원 기업의 생산공정은 기본적으로 알고 있어야 한다.

[생산기술 질문과 답변 예시]

구분		내용
연습	문제 1	입사 희망 기업의 핵심기술과 생산공정을 분석해보라.
	답변	
	문제 2	품질 개선 방안을 제시해보라
	답변	
기출	문제	품질 개선 방안을 이야기 해보라(현대차) 주요 공정의 진행순서를 말해보라(LG디스플레이) 회사에서 어떤 기술로 제품을 양산하는지 알고 있는가? (퍼시스)
	답변	[답변 방향 예시] 품질이 영향을 받는 요인은 생산 공정, 작업 기계·도구, 작업자와 관련이 있을 수 있음. 품질을 개선하기 위해서는 결국 이들 단계를 개선해야 함. 따라서 품질 개선 포인트를 이들 각각의 단계에서 찾고 이를 개선함. 첫째, 공정에 대한 점검을 실시하여 공정을 개선하고, 새로운 공정 도입도 검토함. 두 번째, 작업 기계나 도구의 개선 또는 교체. 셋째, 작업자 품질 교육 강화 . 이외에 전사적 품질 관리 강화 강조, 선진 품질 관리 시스템 벤치마킹 및 도입 등 추진.

이처럼 파고 들어가는 기업분석을 한 지원자의 자소서와 면접 답변은 그렇지 않은 지원자에 비해 내용과 표현이 풍부해질 수 밖에 없다. 이처럼 전방위적이고 깊이 있는 기업분석이야말로 취업경쟁력의 기본이며, 지원자의 수준을 알게 해주는 것으로 이 같은 분석의 차이가 싸움에서 이기느냐 지느냐를 결정하게 된다.

Part 04.

적합성을
찾아라

　　자기분석과 기업분석을 마친 후에는 분석한 내용을 통합·정리하여 적합성으로 만드는 작업이 필요하다. 앞서 자기분석에서 나온 결과에 대해 항목별로 각각의 강약 정도를 구분하고, 이어서 기업과 직무 연관성에 따라 중요도를 부여한다. 예를 들어 경험 항목에서 함께 포함된 SNS와 동아리를 나누고, 이에 대해 기업과 직무와의 연관성 정도를 각각 정하는 것이다. 마찬가지로 다른 항목들에 대해서도 이와 같이 구분한다. 그 결과 강함과 중요성이 겹치는 것을 자신의 강점과 적합성으로 내세우고, 약하고 중요성이 낮은 것을 약점으로 내세우거나 표현하지 않는 것이 효과적이다. 이것이 적합성이 되는 것이다.

　　아래 예시를 보자. 정리된 표에 따르면 이 지원자의 가장 중요한 강점은 SNS 운영 경험과 지식이고, 가장 중요성이 낮은 약점은 봉사 활동과 운동 능력이다. 한편 마케팅 지식은 기업·직무 연관성은 높으나 자신에게는 약한 편이다. 그런데, '저의 약점은 마케팅 지식이 부족하다는 것입니다. 이는 입사 후 보완하도록 하겠습니다.'라고 솔직하게 답하면 어떻겠는가? 직무와 큰 상관없는 친화력을 강조하면서 역시 직무 상관성이 낮은 동아리 활동이 성공적이었다는 이야기를 장황하게 하는 것은 어떤가? 뽑으라는 건가, 말라는 건가? 그래서는 안 된다. 약점에 대해서는 남들보다 운동신경이 조금 모자라고, 전공 공부와 직무관련 경험을 쌓느라 봉사활동을 못했다고 하든가, 이야기를 꺼내지 말아야 한다. 업무 적합성 면에서 보았을 때 큰 약점이 안되기 때문이다. 이 같은 적합성들을 찾아서 정리하면 그것이 바로 회사에서 나를 뽑아야 하는 이유가 된다.

[디지털 마케팅 지원자 자기분석 정리 예시]

항목		아주 강함	적당히 강함	보통	적당히 약함	아주 약함	기업 직무 연관성
목표	단기	A사 마케팅	B사 기획	C사 영업			상
	장기		A사 마케팅 임원	컨설턴트			
			창업				하
경험	성공	SNS운영	커머스 회사 인턴	과제			상
			동아리				하
	실패				대학 입시		하
성향	성격		인내심	긍정적			중
			친화력				하
	가치관		정직성	조직 우선			중

역량							
역량	지식	SNS	모바일	전공			상
					마케팅 지식		상
	능력		분석력	언어 능력	창의력		상
						운동 능력	하
	기술			블로그 제작			중
	스펙			토익	자격증		중
						봉사 활동	하

한편 이렇게 적합성이 정리되면 취업준비생들로부터 꼭 듣게되는 질문이 있다. 그렇다면 시간과 자원이 한정되어 있는데 강점을 강화하는 게 좋을지, 약점을 보완하는 게 좋을지에 대해서다. 부모들은 어떻게 생각하는가? 자녀가 강점을 강화하는 것이 맞는가? 약점을 보완하는 것이 나은가? 약점을 보완할 시간과 자원을 강점 강화에 투입하면 그 효과가 더 크다는 주장과 반대로 강점은 강화하지 않아도 딱히 피해는 없지만 약점을 그냥 놔두게 되면 결정적인 순간에 발목을 잡힐 수 있다는 의견이 있다. 모두 맞는 이야기 같다. 결론부터 이야기 하자면 강점 강화가 효과적이다. 특히 목표가 명확하고 시간과 자원이 한정되어 있을 경우 그러하다. 예를 들어 올림픽을 앞두고 메달 수를 늘리려고 했을 때 한정된 체육 예산을 효자 종목과 비인기 종목에 투자하는 비중을 놓고 논쟁이 있다고 하자. 지금 잘하는 인기 종목에 투자해야 더 많은 금메달을 확보할 수 있다고 하는 주장에 대해 비인기, 약체 종목을 육성해야 메달 밭의 저변을 넓혀

메달 획득 가능성을 높일 수 있다는 것이다. 당장의 올림픽을 앞두고 금메달 수를 늘리는 것이 목적이라면 강점 강화 전략이 적합하다. 반면에 중장기적으로 안정적인 메달 획득을 위한다면 반대로 약점 보완 정책을 집행하는 것이 효과적이다. 이를 취업에 적용해 보면 먼저 할 일은 무엇인가? 취업이 코앞이고, 그 강점이 확실한 것이라면 당연히 강점을 강화해야 할 것이고, 시간에 여유가 있다면 약점을 보완해야 할 것이다. 예를 들어 수리 능력이 뛰어난 취업준비생이라면 안 되는 토익 점수 올리느라 시간과 비용을 들이느니, 적성 기출 풀이에 집중하는 것이 낫다는 이야기다. 자녀가 취업에 시간이 얼마 남지 않았다면 부모는 이런 점을 유념하고 강점을 강화하도록 이야기 해주어야 한다. 군사전략의 대가인 Liddell Hart는 전쟁에서 유일한 주요 원리는 '자신의 강점을 적의 약점에 집중하는 것'이라고 하였다. 취업전쟁에 임하는 취업준비생 역시 자신의 강점과 약점을 확인하고 강점을 극대화하는 전략을 취해야 한다

아울러, 적합성에 추가적으로 차별화가 필요하다. 최근에는 자소서나 면접장에서 지원자들이 말하는 적합성 조차도 유사하게 수렴하는 것을 볼 수 있다. 면접장에서 지원자들을 보면 자신의 강점을 설명하라거나 왜 우리 회사가 당신을 뽑아야 하느냐는 질문에 거의 다 비슷한 답변이 나온다. 지원자들간에 다른 점을 크게 느낄 수 없다. 많은 지원자들은 토익도 올리고, 학점도 올리고, 자격증도 따고, 인턴도, 공모전도 하고 그래서 모든 면에서 우수한 자질을 갖춘 인재가 되려고 한다. 그것이 적합성이 높다고 생각하는 것 같다. 하지만 결국에는 위의 이야기와 같이 다른 사람과 같아져 버리게 된다.

차별화는 결국 나만의 적합성을 극대화 하는 것 에서 나오게 되는데 대다수는 약점까지 보완하려고 애쓴다. 그러다 보면 시간과 비용은 한정되어 있기에 차별화 포인트를 쌓을 여력이 없어지고 만다. 과감히 포기할 것은 버리고, 선택과 집중을 통해 자신의 강점 극대화에 전력을 해야 한다. 토익 점수 올리고, 한국사, 자격증 공부보다 실제 마케팅 기획안을 만들고, 시장조사를 하고, 마케팅 담당자를 찾아가서 인터뷰하고, 기업과 직무 관련 SNS를 운영하는 등의 직무 역량을 강화하는 편이 훨씬 낫다. 이 같이 자신만의 차별화된 경쟁우위를 가지는 것이 필요하다.

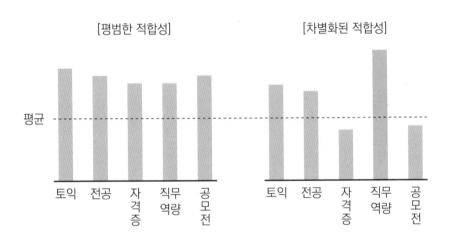

새로운 복병,
인적성
돌파하기

앞서 서류 전형은 떨어뜨릴 사람을 골라내고, 면접은 붙일 사람을 찾는 성격의 시험이며, 인적성은 중간 형태를 띠고 있다고 말한 바 있다. 인적성은 다시 인성과 적성으로 구분할 수 있는데 인성은 서류 전형과 마찬가지로 부적격자를 골라내는 것에 중점을 둔다. 적성은 조금 성격이 달라서 회사에 따라 부적격자를 가려내거나, 적격자를 찾는 역할을 하는 등 차이가 있다. 인적성이 예전에는 부적격자 탈락 방식이 주였기에 난이도나 탈락율이 높지 않았다. 그랬던 것이 갈수록 채용 인원 대비 지원자가 폭증하고, 경쟁이 치열해 짐에 따라 적격자 선발 중심의 변별력이 높아지는 추세로 가는 경향이 있다. 이와 반대로 한편에서는 인적성의 효과성에 의문을 품고 아예 폐지하고 면접을 강화하는 기업도 생겨나고 있다. 지원자들은 이 같은 지원 기업의 전형 과정 변화에 대해 누구보다 빠르고 정확하게 파악하고 대처 할 수 있어야 한다.

인성 :
빠르고 일관되게
풀어라

인성은 붙이기 위한 시험이 아니라 떨어뜨리기 위한 시험이란 것을 잊으면 안 된다. 인성 시험은 어느 기업이 되었든지 간에 짧은 시간에 많은 문제를 풀어야 한다. 사실 이것은 시험이라기 보다는 성격테스트에 가깝다. 문제가 아니라 내 성격에 가깝다고 보이는 문항에 답을 하는 것이다. 그래서 문제를 푸는 것처럼 시간을 주는 것이 아니라 즉문즉답 형태가 된다. 꾸며내지 못하고 깊게 생각하지 않고 답을 하게 하는 것이 취지다. 따라서, 인성은 사실 따로 준비할 필요조차 없을 정도의 시험이다. 이 글을 읽는 부모들의 자녀는 모두 인성에 문제가 없을 것이다. 그 동안 자라면서 큰 말썽 없이 학교생활 잘하고, 성실하게 학업을 해왔고, 지금 취업준비를 열심히 하는 것을 보면 좋은 인성을 가지고 있음이 확실하다. 다른 사람과 잘 지내고 조직 생활에 잘 적응 할 것이며, 업무도 무난하게 잘 할 것이 분명하다. 성격은 보는 사람에 따라 호불호가 갈리게 되어있지만 정답이 없듯이 인성 시험은 정답이 없다. 다만 회사에서 같이 일하기에 부적합할 정도의 사람을 가려내고자 한다. 합격 아니면 불합격이다

(pass or fail).

그런데, 왜 인성에서 탈락할까? 가장 큰 이유중의 하나는 일관성 때문이다. 대부분의 인성시험은 같은 내용의 질문을 문장만 바꾸어서 여기저기 보물찾기 하듯이 감추어 둔다. 의외로 많은 수험생이 여기에 걸린다. 회사에서 뽑고자 하는 사람은 성격 좋은 사람이 아니라 정직한 사람이다. 회사에서 가장 꺼려하는 것은 부정이다. 조직에 손해를 입히고 동료에게 피해를 주기 때문이다. 횡령이나 배임 같은 큰 잘못은 물론 보고서의 수치를 조작하는 일까지 정직이 유능함 못지 않게 중요하다. 많은 기업에서 실수나 무능은 용서할 수 있어도 부정은 용서하는 경우가 없다. 정직성을 확인하고자 하기 때문에 정직함 자체에 대한 질문뿐만 아니라 같은 질문에 같은 대답을 하는 일관성이 중요하게 되는 것이다. 이에 대처 하는 가장 좋은 요령은 앞에 나온 문항에 자기가 어떤 답을 했는지 기억하고 유사한 문항에 같은 대답을 하는 것이다. 그러나, 그러기에는 시간이 너무 부족하다. 회사에서도 이것을 알기에 정해진 시간 내에 다 답을 못할 정도의 빡빡한 시간을 부여한다. 의외로 많은 지원자가 이를 간과하고 유사 문항에 대해 다른 답을 마킹해서 신뢰성에서 감점을 받게 된다. 예를 들어 '나는 한번도 남의 물건에 손을 댄 적이 없다.'라는 질문이 있다고 하자. 대부분이 '매우 그렇다' 라거나 '그런 편이다' 라고 답할 것이다. 그런데 다음 질문을 보자 '길거리에 돈이 떨어져 있으면 줍는 편이다'라는 질문에 또 '그런 편이다' 라고 무의식적으로 답할 수 있다. 하나쯤은 몰라도 이런 대답이 여러 개가 있으면 지원자의 신뢰성이 떨어지게 된다.

인성 검사의 또 다른 포인트는 스피드다. 대부분의 인성 검사는 시간이 부족하기 때문에 모든 문항에 답을 할 수가 없다. 혹시나 답하지 못하는 문항이 있으면 불이익을 받을 까봐 시험 종료 전에 문제도 보지 않고 모든 문항에 답하는 지원자도 있다. 이것은 탈락을 재촉하는 일이다. 차라리 시간이 모자라면 답을 하지 않는 것이 낫다. 괜히 시간에 쫓겨 엉뚱한 대답을 하면 오히려 감점이 된다. 결론적으로, 인성을 준비하는 가장 좋은 방법은 평소 자신의 성격에 대해 스스로 생각해보고, 성격/심리 테스트 기출 문제를 빠르게 많이 풀어보는 것이다. 즉, 공부가 아니라 연습이 필요한 부분이다. 회사에 잘 보이려고 바람직한 쪽으로만 답하는 것도 좋지 않다. 시간은 촉박하고 문제는 많다 보니 그렇게 답하기도 헷갈리기 대문이다. 대부분 기업의 인성검사는 유사하나 이랜드그룹처럼 인성을 특히 중요시하여 세분화하는 기업도 있으니 지원 전에 확인해야 한다.

Part 02.

적성 :
패턴과 기출에
익숙해져라

적성은 회사에 들어와서 일을 제대로 처리할 수 있느냐를 보고자 한다. 이는 IQ테스트와 유사하다. 가장 좋은 적성 검사는 직접 일을 시켜보는 것이다. 그러나, 그렇게 하기가 어렵기에 서면으로 검사를 하게 된다. 회사에서 업무를 수행하고 실적을 내는데 필요한 적성, 곧 업무 수행 능력은 보고서 작성, 커뮤니케이션, 상황판단, 의사결정 하는 능력이라고 할 수 있다. 그 바탕에 자리잡은 세부 능력으로는 자료와 데이터의 분석, 수리계산, 언어 능력, 어휘력, 논리추론 등이 해당된다. 따라서 검사 영역과 문제 역시 이 같은 능력을 확인하는 문제를 내게 된다. 적성은 무엇보다 유형에 익숙해지는 것과 기출 풀이가 중요하다. IQ 테스트를 기반으로 하고 있어서 기본적으로 문제 은행식이 될 수 밖에 없다. 아무리 기술이 발달하고 많은 시간과 비용을 들여 기업에서 적성 문제를 개발한다고 해도 인간의 업무 능력을 측정하는 영역은 한정되어 있다. 그렇다 보니 유사한 유형이 나오게 되어 있다. 회사별로 개별 문제 자체는 다를 수 있으나 유형에서는 차이가 크지 않다. 지원 기업의 과거 기출 문제도 많이 풀어 보아야 한다. 적성은 누가 더 익숙하느냐의 싸움이다. 적성 역시 짧은 시간 안에 많은 문제를 풀어야 하므로 문제에 대한 평소 친숙도가 고득점의 비결이 된다. 최근에는 기업에 따라 역사나 인문학, 에세이 등이 추가 되는 경우가 있어서 이에 대한 대비도 해야 하는데, 가장 좋은 대비법 중의 하나가 평소 책을 많이 보는 것이 될 것이다. 그런데, 적성을 보는 대기업만 해도 수십 곳이어서 기출 관련 수험서만 다 보려 해도 시간은 물론 비용도 만만치가 않다. 따라서, 기출문제와 함께 유형·패턴 파악이 효율적인 적성 수험 요령이 된다.

또한, 회사에 따라 시험의 목적 자체가 다르다는 점도 유의해야 한다. 적성은 크게 삼성형과 롯데형으로 나눌 수 있다. 삼성그룹과 현대차그룹 등은 합격자를 가려내기 위한 방식으로서 문제의 난이도와 탈락율이 높은 편이다. 2015년 상반기를 마지막으로 치러진 삼성 SSAT의 경우 응시자 9만 여명 중 통과자는 10%가 안될 정도로 까다로운 시험이었다. 반면, 롯데나 코오롱, LS는 일정 수준 이하의 부적격자를 탈락시키기 위한 방식이어서 상대적으로 난이도와 탈락율이 높지 않다고 할 수 있다. 한편 인적성을 폐지한 기업도 있는데 대한항공, ㈜한진, 한화그룹이 대표적이다. 대한항공과 ㈜한진은 2015년 하반기부터 직무능력검사를 폐지했다. 당연히 이 같은 회사에서는 면접을 강화하게 된다. 대한항공은 서류전형 통과자에 대해 3차례 면접을 실시한다. 한진은 인적성 대신에 PT면접과 토론 면접으로 지원자를 선발하게 된다. 한화그룹은 2013년부터 인적성을 없앴고, 최근 한화에 인수된 삼성계열사들도 마찬가지로 인적성을 치르지 않는다. 대신 면접을 강화하여 1~3차에 걸쳐 단계별 면접을 진행한다. PT 면접, 토론면접, 합숙면접, 상황면접, 영어면접 등 다양한 면접기법을 활용하며, 계열사별로 면접 형태 및 단계가 상이하므로 지원 전에 확인이 필요하다. 이처럼 인적성 시험이 없는 회사 지원자는 다른 기업 지원자 보다 면접 준비에 더 공을 들여야 함은 두말할 나위 없다.

적성 역시 인성과 마찬가지로 주의해야 할 사항은 시간이 모자라거나 답을 모른다고 해서 찍어서는 안 된다는 것이다. 수능은 찍어도 감점이 없어서 본전치기지만, 인적성 모두 모른다고 아무 번호나 찍으면 오답일 경우 감점이 되는 경우가 있다. 모를 경우 차라리 비워놓고 다른 문제를 푸는 것이 효율적이다. 이 같은 기본적인 상식도 모르고 고사장에 입실하는 수험생도 있다. 인적성 시험에 있어서 한가지 아쉬운 점은 취업준비생들이 인적성에서 왜 떨어졌는지, 어떤 문제를 틀려서 떨어졌는지 알 수 없다는 것이다. 자소서나 면접, 인성은 주관적인 부분 때문에 공개를 못한다고 하더라도 적성은 정답이 있는 시험이어서 공개를 해도 될 것 같기도 한데 말이다.

memo

[참조 2] 2015년 주요 기업 인적성검사(내용 요약)

:: 삼성그룹

■ **인적성검사명** : GSAT(Global Samsung Aptitude Test)

검사영역	세부항목	문항	시간(분)	평가기준
기초능력검사	언어논리	30	25	장문 텍스트 이해력, 논리력
	수리논리	20	30	수리력, 논리해석력
	추리	30	30	어휘/문자/도형/언어 추리 능력
직무능력검사	시각적사고	30	30	직관적 사고력, 공간지각력
	직무상식	50	25	역사, 과학, 경제·경영, 일반 상식

■ **특징**

- 직무적합성평가(직무에세이)를 통과해야 응시 자격이 주어짐
  GSAT에서 응시인원의 90% 이상을 걸러내는 전형적인 적합자 선발 방식
  시험

- 2015년 상반기 응시자 9만여명 중 약 면접 인원의 약 2배수인 7000~8000
  명 선발

- S직군은 GSAT 대신 코딩, 알고리즘 능력을 평가하는 'S/W 역량테스트'
  를 받아야 함(2문제/3시간)

:: 현대기아차그룹

■ 인적성검사명 : HMAT(Hyundai Motor group Aptitude Test)

검사영역	세부항목	문항	시간(분)	평가기준
적성검사	언어이해	25	30	핵심 파악, 정보 이해
	논리판단	15	25	논리판단
	자료해석	20	30	데이터/정보계산력
	정보추론	25	30	정보 분석/해석력
	공간지각or도식	25	30	–
인성검사		112	60	성격, 가치관, 태도, 일관성
역사에세이		1	30	역사관, 통찰력, 세계관

■ 특징

- 취준생들 사이에서 가장 까다롭고 어려운 시험으로 꼽힘

- 2013년부터 도입된 역사에세이는 수준이 높음

- 검사항목중 특히 공간지각능력의 난이도가 상당히 높음

[참조 2] **2015년 주요 기업 인적성검사**(내용 요약)

:: SK그룹

■ 인적성검사명 : SKCT(SK Company Test)

검사영역	세부항목	문항	시간(분)	평가기준
실행역량	실용지능	12	20	목표의식, 추진 역량, 조직적응력, 업무 능력, 상황 판단력, 위기 대처 능력
	정서사회지능	18		
인지역량	수리비판적사고	20	30	응용계산 능력, 수 추리력, 공간지각력, 언어능력, 상황 예측 및 판단력
	언어비판적사고	20	20	논리력, 추리력, 상황 판단력, 한자/경영경제 지식
	직군별 특화요인	20	25	
	한국역사	10	5	
직무능력검사	select – in – factor(19개 요인)	360	50	성격, 가치관, 태도. 일관성
	screen – out – factor(3개 요인)			

■ 특징

- 지원 직무에 따라 M타입(경영), P타입(생산), R타입(연구개발), SW타입(소프트웨어), C타입(건설) 으로 구분

- SKCT에서 최종 합격 인원의 3배 선발, 서류전형 통과자 합격률은 30%

- 2014년 처음 도입된 한국사는 구석기부터 현대사까지 고르게 출제됨
  제한 시간이 5분이기 때문에 평소 한국사에 대한 상식이 있어야 무리 없이
  10문제를 다 풀 수 있음

:: LG그룹

■ 인적성검사명 : LG그룹 인적성검사

검사영역	세부항목	문항	시간(분)	평가기준
LG Way Fit Test	인성검사	342	50	개인별 역량 또는 직업 성격의 LG 웨이 적합도
적성검사	언어이해	20	25	문장의 논리적 분석, 단락의 논리적 배열
	언어추리	20	25	비판적이고 논리적인
	인문역량	20	15	한국사·한자
	수리력	30	35	수열, 자료해석, 응용계산, 의사결정과 추론, 데이터/정보 분석
	도형추리	20	20	직관적 사고력, 공간지각력
	도식적추리	15	20	지시사항을 이해

■ 특징

- 계열사별로 인성검사만 진행하는 곳과 인·적성 검사를 모두 보는 곳이 있어서 지원시 회사별로 확인 필요

- LG 인적성시험(LG Way Fit Test)은 다른 기업보다 특히 수리 영역이 까다로운 것으로 알려짐

[참조 2] 2015년 주요 기업 인적성검사(내용 요약)

:: CJ그룹

■ 인적성검사명 : CAT(Cognitive Ability Test), CJAT(CJ Aptitude Test)

검사영역	세부항목	문항	시간(분)	평가기준
CAT 종합적성검사	언어능력	55	90	언어유추, 명제판별, 독해
	추리능력			수 추리
	수리능력			계산능력
	공간지각능력			
	인문학적소양능력			사고력, 판단력, 문화산업 소양/감각
CJAT 인성검사		270	45	성격, 가치관, 태도, 일관성

■ 특징

- 문제가 어렵지는 않으나 취준생 사이에 스피드 퀴즈라고 불릴만큼 시간의 압박이 큼

- 기출 문제와 유사 유형 문제를 많이 풀어 보는 것이 중요

:: 롯데그룹

■ 인적성검사명 : L-TAB

검사영역	세부항목	문항	시간(분)	평가기준
인문상경계 이공계 공통	언어	35	30	문장독해, 내용 파악
	문제해결	30	35	상황판단. 지시이해
	자료해석	35	40	데이터/정보계산력
인문상경계	언어논리	35	40	명제와 논법, 언어추리
이공계	수리: 응용계산	20	35	수리계산
	수리: 도형추론	15		
인성검사				성격, 가치관, 태도, 일관성

■ 특징

- 타 그룹과 비교할 때 문제해결영역이 독특한 유형임

- 계열사별로 시험 일정이 다르기 때문에 지원시 확인 필요

- 부적격자 탈락방식으로 시험의 내용이 타 기업 대비 쉬운 편임

[참조 2] 2015년 주요 기업 인적성검사(내용 요약)

:: **두산그룹**

■ **인적성검사명** : DBS(Doosan Biodata Survey),
　　　　　　　　　 DCAT(Doosan Comprehensive Attitiude Test)

검사영역	세부항목	문항	시간(분)	평가기준
인재상검사	인재상 부합 여부를 사전 평가	140	58	
기초적성검사	인문: 언어논리/수치자료 분석/어휘유창성	90	80	논리구조분석, 주제 이해, 언어추리
	이공: 언어논리/수치자료 분석/공간추리	90	82	데이터분석, 자료해석, 수리계산, 공간지각력
정서역량검사	자신과 타인의 정서 이해/활용 능력	36	30	대인 관계, 조직적응력, 정서 조절 능력
인성검사		272	55	성격, 가치관, 태도, 일관성
한자검사	한자능력검정시험 2~3급 수준	60	20	업무 수행에 필요한 기초 한자 능력

■ **특징**

　- 서류전형 통과자에 한해 응시자격 부여

:: GS그룹

■ 인적성검사명 : 집합테스트

검사영역	세부항목	문항	시간(분)	평가기준
GSC Way 부합도 검사	객관식 인성검사	450	50	조직가치 부합도
직무능력 검사	언어이해	30	25	객관적이고 논리적인 사고능력
	자료해석	30	30	자료분석, 계산 능력
	사무지각(인문계열)	30	15	자료분석, 정확성
	응용계산(이공계열)	30	30	수리응용계산
한국사 시험	한국사 능력 검정 시험 2~3급 수준	30	30	

■ 특징

– 계열사 별로 차이가 있으므로 지원시 유의 할 것

· GS리테일 : 적성검사 없이 인성검사만 온라인으로 진행

· GS건설 : 이공계(기계 이해, 도식추론, 공간비평 영역별 40문항/65분)

　　　　　　인문계(언어영역, 수리영역 언어 30문항, 수리 25문항/총 60분)

　　　　　　인성검사 2015년 하반기 100문항/40분

※ 아래 내용들은 각 기업에서 발표한 자료 및 언론에 공개된 자료를 바탕으로 한 것으로서 검사영역, 문항 수, 소요시간 등은 기업 사정에 따라 변경될 수 있음

[참조 2] 2015년 주요 기업 인적성검사(내용 요약)

:: **아모레퍼시픽그룹**

■ **인적성검사명** : APAT

검사영역	세부항목	문항	시간(분)	평가기준
적성검사	언어 지각 수리 추리 창의 한국사	150	240	판단력, 어휘 사용능력, 명제 판별, 문장 독해, 문장 배열, 응용계산력, 규칙 추론, 공간지각력
인성검사		375	60	직무 수행상 필요한 기본 소양

■ **특징**

- APAT(인적성검사)를 통과해야만 면접시험 응시자격 부여함

- 인성은 타 대기업 대비 무난한편이나 시간이 부족함

- 부적격자를 탈락시키는 방식

:: 코오롱그룹

■ **인적성검사명** : LSIT(LifeStyle Innovators' Test)

검사영역	세부항목	문항	시간(분)	평가기준
적성검사	언어논리	30	35	문단 및 문장 배열, 독해력
	수리&자료분석	25	35	계산 능력, 응용 수리, 자료 분석 및 해석
	형태지각	25	25	추론능력
인성검사	인성검사	357	60	
	상황판단검사	32		상황판단력, 조직적응력

■ **특징**

－ 부적격자를 탈락 시키는 방식이라 커트라인이 높지 않으며 합격률 역시 타
그룹에 비해 높은 편임

[참조 2] **2015년 주요 기업 인적성검사**(내용 요약)

:: **현대중공업그룹**

■ **인적성검사명** : HATCH(Hyundai Heavy industries Assessment Tool
for Catching idden-talent)

검사영역	세부항목	문항	시간(분)	평가기준
직업성격검사(인성검사)		463	50	
기초직무능력	언어능력	30	20	
	수리능력	30	20	
	분석능력	30	20	
	공간능력	30	15	
종합직무능력	종합상식	30	15	
	종합의사결정	30	25	
공학기초시험(이공계)		20	30	물리, 수학, 화학 등의 기초 역량 평가

■ **특징**

– 인적성외에 이공계는 추가로 공학기초시험 실시

:: LS그룹

■ 인적성검사명 : LSAT(LS Aptitude Test)

검사영역	세부항목	문항	시간(분)	평가기준
인성검사		206	30	
적성검사	언어이해	30	20	독해능력
	문제해결	30	30	자료 분석, 판단력
	자료해석	30	25	자료 해석, 수치 계산
	집중력	30	10	패턴분석력
	사무지각(인문계)	30	15	정보 파악
	공간지각(이공계)	30	15	공간지각력

■ 특징

- 모든 계열사에 LSAT 공통 적용

- 인적성검사는 5단계 평가(S, A, B, C, D)이며 B등급 이상이면 합격

[참조 2] **2015년 주요 기업 인적성검사**(내용 요약)

:: **이랜드그룹**

■ **인적성검사명** : ESAT(E-land Strength & Aptitude Test)

검사영역	세부항목	문항	시간(분)	평가기준
적성검사	언어비평_추론	20	10	내용 및 핵심 파악, 논리적 구성 이해
	언어비평_독해	25	22	
	수리비평	25	44	자료해석, 수치 계산
인성검사	인재유형검사	462	60	
	상황판단검사			

■ **특징**

- 다른 그룹에 비해 인성을 중요시하여 인성검사를 세분화하여 진행

- 수리와 언어비평 영역은 컷트라인에 제한이 있어 최소 반이상은 맞춰야 함

- 2015년 하반기 경우 서류전형 통과자 7천여명에게 응시자격 부여
  하반기 채용인원은 2000여명으로 인적성 경쟁률은 3.5대1로 예상

- 지원 직군별로 날짜를 달리하여 진행함

자소서와 면접, 어떻게 준비해야 하나?

　　일반적인 취업준비생들의 취업 준비를 살펴보면 우선 자소서에 공을 들이고 면접은 서류 통과 후 준비하겠다고 한다. 이처럼 자소서와 면접을 별개로 생각하고 따로 준비하는 학생들이 많은데 이는 올바르지도, 효율적이지도 않은 방법이다. 면접 질문 중에 많은 부분이 자소서의 내용에 대한 것일 뿐만 아니라, 서류 통과 후 준비하기에는 시간이 부족하기 때문이다. 따라서, 자소서와 면접은 함께 준비되는 것이 바람직하다. 아울러, 원서 접수 기간에 자소서를 작성하려면 시간에 쫓기게 되기 때문에 입사 희망 기업이 있다면 지원 전에 미리 자소서 기출 항목을 구해 작성 연습을 해두는 것이 효과적이다.

기초를 다져라 :
자기분석과
기업분석

아래 그림과 같이 자소서와 면접이라는 집을 잘 지으려면 기초와 기둥, 그리고 집안을 채우는 내용물 3가지가 필요하다. 자기분석과 기업분석은 집을 짓기 위해 터를 파고, 다지는 과정이라고 할 수 있다. 집이 튼튼하게 지어지려면 기초가 깊고 튼실해야 하는 것과 마찬가지로 자기분석과 기업분석이 제대로 선행되지 않으면, 그 위에 올리는 기둥과 내용들은 전형 과정에서 쉽게 흔들리고 무너질 수 있다. 이 기초 위에 기둥인 논리 구조(CRC, SPR)를 세우고, 안을 핵심적인 질문들(지원동기, 가치관, 경험, 직무, 적합성)에 대한 답변으로 채워야 자소서와 면접이라는 집이 안정적으로 세워질 수 있다.

자기분석과 기업분석의 구체적인 방법과 내용들에 대해서는 앞서 5장에서 자세히 살펴 본바 있다. 아래 표는 자기분석과 기업분석이 반영된 자소서와 면접의 기출 문제 예시이다. 자기분석과 기업분석이 미흡하다고 생각되면 철저해질 때까지 계속 정리해야 한다.

[자기분석 및 기업분석이 반영된 기출 문제 예시]

자기분석 및 기업분석	자기분석 및 기업분석이 반영된 기출 문제 예시
단기 목표 지원 동기 입사 의지 적합성 기업·직무 분석	· 본인이 꼭 입사해야 하는 이유와 지원 직무를 위해 했던 노력, 그리고 당사에서 이루고 싶은 목표(GS칼텍스) · 회사를 선택한 이유와 입사 후 회사에서 이루고 싶은 꿈을 기술하십시오(삼성전자) · CJ제일제당이 아니면 안 되는 이유(CJ제일제당)
장기 목표 미래 포부 적합성 기업·직무 분석	· 입사 후 희망 연구 분야(LS산전) · 입사 후 우리 회사에 어떻게 기여할 수 있나 · 10년 후 자기의 모습을 말해보라, 10년 후 자신의 연봉이 얼마라고 생각하는가
성장 과정 성취 경험 실패 경험 문제 해결 경험	· 도전적인 목표를 세우고 이를 달성하기 위해 노력했던 사례와 결과(LS산전) · 본인이 창의적으로 문제를 해결했던 경험에 대해서 설명해보라 (모비스) · 새로운 환경이나 조직에서 갈등 경험과 이를 성공적으로 극복한 사례(GS칼텍스) · 조직에서 갈등을 겪고 극복한 것은 무엇인가(CJ) · 다양한 배경을 가진 사람들과 일해본 경험이 있는가(KCC)
가치관 성격 경영철학 기업문화 인재상	· 상사가 부당하다고 생각되는 일을 시킨다면 어떻게 하겠는가(한국전력)

가치관 성격 경영철학 기업문화 인재상		· 상사가 합리적이지 않은 지시를 할 때 어떻게 대처할 것인가(신협)
		· 상사가 규정 외 행동을 한다면 어떻게 대처할 것인가(LG생활건강)
		· 노조에 대해 어떻게 생각하는가(한국전력)
		· 시재가 5천원 비었다. 본인의 돈으로 메꾼다면 편하게 해결할 수 있다. 어떻게 하겠는가(신한은행)
		· 대한민국의 가장 큰 문제가 무엇이라고 생각하는가?(현대차)
		· 팀워크가 좋은 동료와 능력이 뛰어난 동료 중 어느 동료와 일하겠는가
		· 집과 회사에서 각각 일이 터지면 어떻게 하겠는가(LG디스플레이)
		· 현재 1억이 생긴다면 어떻게 사용할 것인가(GS칼텍스)
		· 객실승무원으로 근무하기 위해 가장 중요하게 생각되는 자질은 무엇이라 생각하며, 본인은 그 자질 향상을 위해 어떻게 노력하였는가 (대한항공)
기업·직무 분석	경영전략	· 은행 경영과 관련된 금융 환경 변화에 대비한 경영전략을 제시하라(KB국민은행)
		· 현재 주유소를 운영하고 있는데 경쟁 주유소가 늘어날 예정이다. 이때 우리 주유소의 대응방안에 대해 발표해보라 (GS칼텍스)
		· 중국 디스플레이 기업과 경쟁하기 위해 갖춰야할 전략(LG디스플레이)
		· 전기자동차 충전인프라 구축이 한국전력공사에 유리한가 불리한가(한국전력)
		· 10년 후 새로운 관광 트렌드를 예상하고 대응방법에 대해 말해보라(대한항공)
		· 자신이 선택한 역사적 인물의 업적을 바탕으로, 글로벌 진출을 하기 위한 전략, 인재 채용 전략, 협업과 소통의 관점에서의 영업 전략 세우기(신한은행)

기업·직무 분석	마케팅	· 백화점의 젊은 층 고객이 줄고 있는데 10~20대 고객 유치를 위한 방안(롯데백화점) · 마케터라 가정하고 당사 브랜드 중 하나를 선정해 중화권 시장에 성공적으로 정착하기 위한 구체적인 전략 제시하기(LG생활건강) · 정관장을 글로벌 프리미엄 건강 브랜드로 고도화시키기 위한 전략(KGC인삼공사) · 우리 사회의 급속한 고령화가 롯데제과 제품 전략에 미치는 영향(롯데제과) · 대형마트 외 유통채널로 이탈하는 고객을 재확보 할 수 있는 방안은 무엇인가(이마트) · 당사 앱을 효과적으로 홍보할 수 있는 방안(이마트)
	재무	· 가격경쟁력 개선 방안은 뭐라 생각하는가(현대차) · 기준금리가 인하되고 있는데, 전세와 주택 구매 중에서 뭘 추천하겠나(KB국민은행) · 미국 FRB에서 금리를 올렸는데, 유가에 어떤 영향을 미치는가(GS칼텍스) · 지속적인 브랜드 가치 유지에 매우 높은 비용이 소요되는데, 이익 관점에서 계속 브랜드 가치를 유지해야 하는가, 다른 곳에 투자해야 하는가(KGC인삼공사)
	생산기술	· 주요 공정의 진행순서를 말해보라(LG디스플레이) · 셀 공정이 타사 공정과 어떤 차이가 있나(LG디스플레이) · 변압기의 손실에는 어떤 종류가 있는가. 무부하손을 줄이기 위한 방안은(한국전력) · 품질 개선 방안을 이야기 해보라(현대차) · 지속적으로 청정하고 우수한 원료를 확보하기 위해 어떻게 해야 하는가(KGC 인삼공사) · 회사에서 어떤 기술로 제품을 양산하는지 알고 있는가?(퍼시스)

적합성 기업·직무 분석 강약점 선발 이유 준비 정도 자기 소개·PR	· 본인이 우리 회사에 적합한 인재라고 생각하는 이유(LS산전) · 여성 지원자로서 강점이 무엇이 있을 것인가(현대차) · 자신의 장점을 살려 이룩한 성과를 말해보라(삼성전자) · 우리 회사가 당신을 뽑을 수 있게 자기 자신을 PR해보라 (삼성전자) · 지원한 직군에서 자신이 하고 싶은 일과 본인이 그 일을 남 들보다 잘할 수 있는 차별화된 능력과 경험을 기술하시오 (이마트)

논리 기둥으로
중심을 잡아라
: CRC와 SPR

자소서와 면접을 이루는 기둥은 글과 말의 논리적 뼈대가 되는 것들이다. 기둥이 없으면 집이 흔들리는 것과 마찬가지로 아무리 분석이 잘되어 있고, 내용이 좋더라도 논리적 틀이 부실하다면 좋은 평가를 받기 어렵다. 흔히 자소서와 면접이라고 하면 글 잘 쓰고, 말 잘하는 것으로 오해하는데, 중요한 것은 지원하는 회사와 직무를 정확히 알고 자기의 적합성을 논리적으로 설득하는 것이다. 어느 기업이나 아주 탁월한 지원자 일부와 다수의 허수 지원자들을 제외하면 실질 경쟁 지원자의 수준은 비슷하다. 특히, 대기업 지원자들의 수준은 면접장에 가면 거의 비슷하다. 스펙과 능력이 비슷한 지원자 가운데서 차별화 할 수 있는 중요한 포인트가 바로 이 논리적 구조이다. 누가 더 논리적이고 체계적으로 질문에 답하느냐가 관건이 된다.

많은 지원자들이 자신이 뽑혀야 한다고 자소서와 면접에서 목소리를 높인다. 하지만 주장의 크기에 비해 대부분 그 근거는 단단하지 않다. 합격과 탈락은 주장과 근거간의 관계가 얼마나 강하냐의 차이라고 할 수 있다. 주장은 거의 다 똑같다. '나를 뽑아주십시오. 내가 적임자입니다.'이다. 하지만 승패를 가르는 것은 그 근거가 얼마나 충실하며, 잘 표현되느냐이다. 채용 담당이나 면접관들은 이 같은 주장을 적게는 수백 명, 많게는 수천 명으로부터 듣게 된다. 그 많은 지원자들 중에서 어떻게 내 주장을 차별화 시키며, 주목을 이끌어 내고, 관철시킬 것인가? 지금 당장 학교, 전공, 학점은 획기적으로 변화시키기 힘들다. 하지만 나의 주장을 설득력 있게 만드는 것은 충분히 노력하고 전략을 잘 짜면 할 수 있다. 이제 해야 할 일은 주장과 그 근거와의 관계를 튼튼히 하는 것이다. 주장이 구슬이라면 이를 꿰는 실, 즉 논리성과 체계성이 중요하다. 바로 이 실 역할을 하는 도구들이 아래에서 설명할 CRC와 SPR 기법이다.

■ CRC(Conclusion, Reason, Contents)

CRC란 결론과 근거, 내용을 뜻하는 Conclusion, Reason, Contents의 각 첫 글자를 딴 것으로서, 자소서나 면접의 기본 틀로 이해하고 활용하기 쉽도록 필자가 이름 붙인 것이다. 면접에서 '왜 우리 회사가 당신을 뽑아야 하는가'라는 적합성 관련 질문이 나왔다고 하자. 대부분의 지원자는 저는 이런 면이 우수하고, 이런 면을 잘 한다고 하는 나열식으로 설명을 한다. 듣는 사람이 정리와 집중이 안 된다. 말로 기억하는 것보다 CRC를 사용하여 머리 속에 도식으로 이미지화 하여 저장하고 있으면 한결 대답이 수월해질 것은 분명하다. 이처럼 CRC는 지원동기, 직무, 적합성 등과 같은 Why형 질문에 적합한 논리 구조다.

다시 질문으로 돌아가 이에 대해 답을 해보자. '저는 귀사에 충분히 적합한 인재라고 생각합니다(결론). 그 이유로는 첫째, 귀사와 지원 직무에 적합한 지식과 경험이 있습니다. 둘째, 조직 생활에 필요한 성취 동기와 리더십 역시 귀사에 입사할 충분한 자격을 갖추고 있다고 생각합니다(근거). 지식에 있어서는 전공에서 우수한 성적을 거두었고, 경험에 있어서는 해당 직무 관련 매장 판촉직을 할 당시 새로운 판촉 아이디어를 제시하여 매출 향상에 기여하기도 하였습니다. 또한, 귀사에 대한 블로그를 운영 중일 정도로 귀사에 대한 관심과 지식이 있습니다. 성취동기로는 팀원들이 기한 내 끝내기 어렵다고 한 과제를 어려움을 무릅쓰고 마쳐 좋은 학점을 받았던 일이 있으며, 리더십 면에서는 회원수가 줄고 활동이 미약하던 동아리 회장을 맡아 회원들을 추스르고 활성화시켜 교내 우수동아리로 선정되는 성과를 이뤄냈습니다(내용).'라고 답하는 식이 바람직하다. 듣는 사람은 물론 말하는 입장에서도 흐름을 잃지 않고 일목요연하게 말할 수 있다. 이런 것은 평소 꾸준히 연습해 두어야지 임기응변으로 대처하기에 한계가 있다.

[CRC]

아래는 실제 CJ와 삼성에서 각각 실제로 출제되었던 자소서 문항들 중의 하나다. 주장-이유-내용의 CRC가 명확해 질 때가지 고치고 또 고쳐야 한다. 읽었을 때 한 번에 무슨 뜻인지 이해가 안되면 안 된다. 어떤 일을 왜 이 회사에서 하려는 지와 자신의 준비 상태, 기업 분석을 바탕으로 A4용지 반 페이지에 혼을 담아 써내려 가야 한다.

Q. 선택한 직무 및 회사에 대한 지원동기는 무엇인가요?

① 선택한 직무에 대해 관심을 갖게 된 계기
② 본인이 직무를 잘 수행 할 수 있는 이유 (강점, 준비, 경험에 근거)
③ 선택한 회사가 아니면 안 되는 이유 (1000자)

Q. 지원동기, 향후 포부

삼성 취업을 선택한 이유와 입사 후 회사에서 이루고 싶은 꿈을 기술하십시오.(700자 이내)

■ SPR(Situation, Process, Result)

CRC가 지원동기와 같이 WHY형 질문에 적합한 논리 구조라면, SPR은 가치관, 경험 등 What이나 How형 질문에 대응 하기 좋은 기법이다. 관련 질문에 대한 답변 논리로 적합하다. 이 같은 질문 유형에는 상황-과정-결과로 정리하는 것이 말하는 사람이나 듣는 사람이나 편하다. 필자는 이를 각각의 영어 단어 Situation, Process, Result의 첫 글자를 따 SPR로 부르고자 한다. SPR은 문제·이슈·위기·도전 상황을 설명하는 Situation, 그것을 해결하기 위해 취한 구체적 행동들과 과정인 Process, 그리고 마지막으로 문제 해결의 결과·교훈·성취·성장을 말하는 Result가 핵심요소다.

[경험은 SPR]

상황 S	문제·이슈·위기·도전 상황을 설명
과정 P	그것을 해결하기 위해 내가 취한 구체적 행동들과 해결 과정
결과 R	해결 결과 및 얻은 교훈·성취·성장

자소서나 면접에서 '본인이 겪었던 일 중 가장 큰 실패는 무엇이었나 말해보라'라는 질문을 받으면 지원자들은 대부분 실패한 일 자체만을 이야기 하다가 끝내는 경우가 많다. 그렇게 해서는 좋은 점수를 얻기 힘들다. 실패의 내용뿐만 아니라 과정과 어떻게 극복했는지와 결과로 얻게 된 것들을 말할 수 있어야 한다. '지금까지 살아오면서 가장 큰 실패는 대학 입시에서 떨어진 것입니다. 부모님이나 친척들은 물론 친구나 다른 사람도 모두 보기 싫을 정도로 제 인생에서 가장 힘들고 어두웠던 시절 이었습니다.(상황) 나름 열심히 공부하고 성

실하게 학교 생활을 한 나한테 왜 이런 일이 일어 났을까라는 억울함과 괜한 반항심에 재수를 하면서도 공부는 등한시 하고, 친구들과 어울리며 지내기만 하였습니다. 그러다가, 문득 계속 이렇게 생활하는 것은 저를 믿어준 부모님에 대한 도리가 아니며, 나의 실패는 그 누구도 아닌 내가 자만하고 방심했던 결과라는 생각이 들었고, 무엇보다 저의 미래가 걱정이 되었습니다. 그 후 다시 마음을 잡아 제 자신의 나약함을 넘어서고, 공부에 몰입하여 원하는 대학과 학과에 들어갈 수 있었습니다.(과정) 이를 통해, 저는 살면서 만나게 되는 많은 실패의 원인은 자신에게 있으며, 해결 또한 자신이 어떻게 마음먹고 얼마만큼의 노력을 하느냐에 따라 달라질 수 있다는 소중한 경험을 얻게 되었습니다.(결과)' 라는 식의 구조가 바람직하다. 내용상 극적이거나 큰 반전은 없지만 논리적인 틀을 갖춘 답변이다. 덧붙여 이야기 하자면 경험 편에서도 이야기 했지만, 사실 살아온 날이 많지 않은 취업준비생들에게 경험 질문은 의외로 어려운 항목이 된다. 20대 젊은 이가 인생에서 겪은 큰 성취나 실패라고 해봐야 얼마나 될까? 그러나, 작은 것이라도 나름의 의미를 부여하고 논리적인 구조를 갖춘다면 좋은 답변이 될 수 있다.

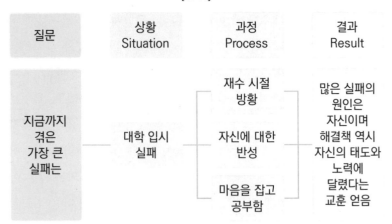

[SPR]

질문	상황 Situation	과정 Process	결과 Result
지금까지 겪은 가장 큰 실패는	대학 입시 실패	재수 시절 방황 자신에 대한 반성 마음을 잡고 공부함	많은 실패의 원인은 자신이며 해결책 역시 자신의 태도와 노력에 달렸다는 교훈 얻음

안을 채울 5대 핵심 항목 따라잡기 : 지원동기, 가치관, 경험, 직무, 적합성

자기분석과 기업분석으로 기초를 쌓고, 논리 구조의 기둥도 세웠다면 이제 안을 채울 차례다. 자소서와 면접의 주요 질문에 대한 대답이 내용이 되는 것이다. 자소서와 면접에는 수많은 질문이 있지만 크게 지원동기, 가치관, 경험, 직무, 적합성의 5개로 묶여질 수 있다. 이들은 자소서와 면접의 5대 핵심 항목으로서 대부분의 기업에서 지원자에게 빠지지 않고 출제되고 있다. 그만큼 이 요소들이 직무 수행과 연관이 있다는 뜻이다. 자소서와 면접에서 가장 많이 출제되는 이들 5가지에 대해 각각 살펴 보도록 하자.

:: 지원동기

지원동기는 자소서나 면접을 막론하고 가장 중요한 요소라고 할 수 있다. 회사에서 지원동기 항목을 통해 확인하고자 하는 것은 입사 의지, 회사에 대한 이해도, 직무 관련 적합성, 준비 정도 등이다. 회사에서는 수많은 지원자 중에서 정말 입사 의지와 능력이 있는 사람을 원한다. 지원동기는 무작정 달려드는 지원자와 준비되고 근거를 가진 지원자를 구별하는 좋은 기준이 될 수 있다. 그렇기에, 업종, 기업, 직무, 신입과 경력직 막론하고 모든 지원자에게 빠지지 않고 질문하게 된다. 지원자 입장에서는 치열한 경쟁 상황에서 어떻게 차별화와 임팩트를 줄 수 있느냐가 관건이다. 이를 위해서는 직무와 회사에 대한 분석과 준비가 중요한 포인트가 된다. 워밍업 차원에서 모바일 소셜커머스 회사 지원자의 간단한 예를 하나 보도록 하자.

[Before]

귀사의 모바일 커머스를 이끌 주역이 되겠습니다. 앞으로는 모바일 커머스 세상이 될 것으로 보고, 모바일 커머스 분야의 리더가 되기 위해 이 회사에 지원했습니다.

뭔가 부족하다. 지원자 만의 특징이 보이지 않고 와 닿는 것이 없다. 아래와 같이 바꿔보자.

[After]

커머스의 핵심인 물류로 귀사에 차별적 경쟁우위를 만들어 낼 저 OOO입니다. 모바일 중에서도 커머스 분야의 시장 확대가 예상되는 가운데 그 중심에 물류기획이 있다고 보고 해당 분야의 전문가로 성장하고 회사의 성과 향상에 기여하기 위해 지원하였습니다. 제가 귀사의 직무 수헹에 적합하고 성과를 낼 수 있는 근거는 다음과 같습니다.

짧은 문장을 추가 하고 수정하는 것만으로도 이렇게 차이가 나는 것을 볼 수 있다. 단순히 모바일 커머스의 장래성이 좋아 보여서 지원한 사람과 모바일 커머스의 핵심이 물류라는 것을 꿰뚫고 있는 사람 중에 채용담당자는 어떤 사람에게 관심을 갖게 될까? 답은 어렵지 않게 알 수 있을 것이다. 당연한 얘기지만 지원자가 물류 직무에 대해 관심을 갖고 준비해 왔으며, 기업 분석을 통해 회사의 최근 핵심 이슈 및 향후 투자 우선 순위가 물류라는 것을 알고 있어야 이렇게 쓸 수 있다. 이제 심화학습을 해보도록 하자. 아래 지원동기를 천천히 읽어보자. 파란색 부분은 키워드다.

+ 소비재 제조사 마케팅 직무 지원자 지원동기 A

00주식회사의 미래를 책임질 마케팅 전문가가 여기 있습니다. 귀사에 입사하는 것을 꿈꾸는 것만으로도 너무나 설레어 왔습니다. 마케팅 동아리에서 회장을 맡아 학내 최고 동아리가 되게 하였으며, 조만간 물류관리사도 취득하여 귀사의 제품이 최적의 placement가 되는데 이바지 하고자 합니다. 최신 마케팅 트렌드 습득을 위해 전문 잡지도 구독하고 있습니다. 저의 가장 큰 장점은 마케팅 실무 경험입니다. 얼마 전 스포츠마케팅전문사인 L사에서 인턴으로 근무할 당시 직원과 동일하게 제안서 작업, 업체 미팅, 시안 제작 과정 등에 참여할 정도로 많은 경험을 하였습니다. 특히 프로야구 올스타전 관련 마케팅 업무는 가장 기억에 남는 소중한 추억입니다. 귀사의 마케팅 직무에 저만큼 준비되고 열정이 넘치는 인재는 없을 것이라고 자신합니다.

어떤 느낌이 들었는가? 뭔가 한 일은 많은데 정리가 되지 않았다는 느낌이 든다. 또한, 이 지원자가 정말 하고 싶은 일은 무엇인지가 불분명하다는 것을 볼 수 있다. 다른 지원자의 지원동기를 살펴보자.

+ 소비재 제조사 마케팅 직무 지원자 지원동기 B

C '5년 후 A사 우수고객 이탈 제로화에 기여하는 글로벌 소비재 CRM전문가'

저의 경력 목표인 글로벌 소비재 CRM전문가로서의 성장에 있어서 글로벌 회사로 도약하고 있는 A사가 가장 적합하다고 판단 되었습니다.

R A사가 최적의 회사인 이유는 다음과 같습니다.

첫째, 저의 관심 지역인 최근 급성장중인 신흥시장에서의 마켓쉐어가 늘고 있으며 둘째, 지금까지 타사와 달리 단순 프로모션 보다는 고객의 니즈 파악을 위한 CRM 인프라 투자에 힘써온 점입니다.

또한 저는 입사를 위해 아래와 같이 꾸준하고 지속적으로 준비해왔습니다.

C 첫째, 글로벌 인재로 성장하기 위해 영어뿐만 아니라 귀사의 전략 시장 언어인 중국어와 스페인어도 학습해와 기본적인 의사소통이 가능합니다.

둘째, 귀사의 제품 및 광고, 마케팅에 관련된 블로그를 운영 중에 있습니다.

셋째, 귀사의 주 유통처인 ○○마트에서의 인턴 경험, 각종 자료 분석, 담당자 미팅, 실제 구입자 면담 등을 통해 소비자들의 구매 패턴을 분석하는 CRM 리포트를 스스로 작성해보기도 하였습니다.

문장적으로 수정할 부분이 있기는 하지만 무엇보다 자신이 하고자 하는 일이 명확하고 어떻게 준비해왔는지가 나타나 있는 점이 앞선 사례와의 큰 차이점이다.

지원자 A는 회사에서 원하는 요건을 갖추었을 수도 있다. 그러나, 채용담당자는 읽다가 짜증을 낼 수도 있다. 바로 구성 때문이다. 지원자가 말하고자 하는 것이 명확하게 다가오지 않는다. 아쉽게도 많은 지원자가 이 같은 실수를 하고 있다. 이에 비해 지원자 B는 논리적 구조가 잘 세워져 있어 자신이 말하고자 하는 지원동기를 잘 풀어내고 있다.

:: 지원동기와 함께 미래 포부도 준비하라

지원동기만큼이나 많이 나오는 주제가 '미래 포부, 장래 계획, 10년 후 자신의 모습, 입사 후 기여 방안' 등이다. 예전에는 질문이나 답변 모두 형식적으로 그치는 경우가 많았다. 따라서 답변들은 대개 '회사에 뼈를 묻겠다, CEO가 되겠다, 지원 분야의 임원이나 전문가가 되겠다'라는 상투적인 표현들을 크게 벗어나지 못했다. 그런데, 이제는 이 같은 답변으로는 좋은 점수를 받기 힘들다. 지금은 회사의 조직구조와 경력 경로를 알고 어떤 부서와 어느 직무를 거쳐 몇 년 후에는 어떤 직위에 올라 어떤 일을 하고 싶다는 정도까지 말할 수 있어야 하는 상황이다.

아래 그림은 가상의 기업을 대상으로 한 조직구조와 경력 경로다.

개발2팀으로 입사하여 근무하다가, 개발지원팀을 거쳐 생산기술팀으로 갔다가 기술영업으로 완전히 직무를 바꿀 수도 있다. 정통 개발 코스로는 선행개발팀으로 갔다가 개발1팀을 거쳐 임원이 되는 경로가 있다. 또, 그림에는 나와있지 않지만 사내에서 실시하는 해외 연수 등을 거친 후 글로벌 업무를 하게 될 수도 있다. 최근 지원자들 중에는 이 같은 회사의 조직구조와 경력 경로를 알고 미래 포부를 준비하여 자소서를 작성하거나 면접 질문에 답하는 사람도 늘고 있다. 막연한 패기와 포부만으로는 경쟁을 뚫기가 쉽지 않게 된 것이다. 취업준비생들은 지원기업의 조직도와 경력 경로도 확인할 필요가 있다. 이 같은 준비가 지원자의 회사에 대한 적합성을 좀 더 높여주는 도구가 된다.

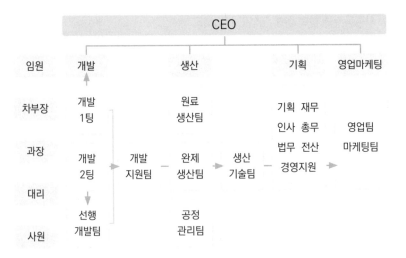

:: 가치관

가치관 관련 질문은 사실 크게 어렵지 않은 항목이지만 의외로 적지 않은 지원자가 가치관 문제에서 제대로 답을 하지 못한다. 이는 공부보다는 요령이 부족한 탓이다. 가치관 관련 질문은 대게 무난히 준비해서 대답할 수 있는 항목들이다. 아래에서 가치관 질문의 유형과 대응 방법을 살펴보자.

:: 회사에서 원하는 가치관과의 부합성이 중요

가치관은 앞서 말했듯이 나의 성향, 호불호, 중요하게 생각하는 것 등이기에 정답이 없는 영역이다. 내 생각이 맞을 수도, 다른 사람의 생각이 옳을 수도 있다. 그러나, 연애를 해도 가치관이 맞아야 하듯 기업에 입사를 할 때도 당연히 가치관이 맞아야 한다. 문제는 회사에서 요구하는 가치관과 지원자의 생각이 다른 경우다. 입사를 원한다면 회사에 맞추려는 노력이 필요하다. 따라서, 가치관 질문 대응 요령은 회사에서 원하는 답을 하는 것이 첫 번째다. 하지만 그 노력은 자신이 감내할 수준이 되어야 한다. 그것이 안 된다면 내 가치관에 부합하는 회사를 가야 한다. 취업이 어려운 실정이지만 취업을 위해 안 맞는 옷을 입듯 억지로 맞추지는 말 것을 권하고 싶다. 모든 취업준비생은 지금이야 취업을 위해 무엇이라도 할 마음가짐일 것이다. 하지만 개인생활과 가정을 중시하는 사람이 야근과 주말 근무가 많은 직원을 우수한 직원으로 여기는 직장에 적응하기는 쉽지 않다. 경영자가 직원을 바라보는 시각, 노조에 대한 인식, 성과배분에 대한 관점 등도 마찬가지이다. 이런 점은 지원 전에 충분히 알아보고 지원해야 후회가 없다. 잡플래닛과 같은 기업 정보 공유 사이트에서도 간접적으로 확인 할 수 있지만 보다 정확한 정보는 해당 회사의 전현직 직원을 통해 얻을 수 있다. 자신과 회사의 가치관이 다르면 입사 후에도 이직을 고려 하거나 실제로 이직하는 직원도 꽤 많다는 것을 알아야 한다.

두 번째로는 유연한 사고를 하고 있음을 보여주어야 한다. 입사를 위해 '회사에서 시키는 대로 하겠습니다' 라는 마인드는 오히려 지원자가 경직되어 있거나 솔직하지 못하다는 인상을 줄 수 있다. 전반적으로는 회사의 방침에 따르지만 개인의 소신도 가지고 있다는 것을 보여줄 필요가 있다. 업무 시에도 상사의 의견을 존중하고 따르는 것은 업무 수행 및 조직 운영상 바람직한 것이지만 무조건 상사에 복종하는 직원은 자기 생각이 없고 오히려 업무 능력이 떨어지는 것으로 비춰지기까지 한다.

[회사와 지원자의 가치관 차이 예시]

구분	회사	지원자
직 업 관	조직 우선	개인 우선
처 우	연공서열·동종업계평균	성과 위주·높은 처우
근 무 강 도	높음	적절한 강도
성 과 배 분	선투자 후배분	발생 성과에 대해 즉시 배분
노 조	무조노 지향	노조는 있어야 함

아래의 자주 나오는 질문과 답변 사례를 참조하고 준비하도록 하자.

[회사와 지원자의 가치관 차이 예시]

Q. 상사가 불합리한 지시를 한다면?

이러한 질문의 의도는 상황판단의 우선 순위가 어디에 있느냐 하는 것과 상황에 어떻게 대처하느냐 두 가지를 보고자 하는 것이다. 당연히 회사에서는 우선 순위가 조직 내 질서를 따르는 것이 되기를 바란다. 하지만 맹목적이기는 또한 원치 않는다. 지원자는 이러한 출제의도를 파악하고 답변에 임해야 한다. 회사에서 원하는 조직가치를 우선시하되, 무조건적으로 따르지 않고 현명하게 상황에 대처하는 사람이라는 모습을 보여주어야 한다. 이러한 질문의 경우 '법적으로나 도적적으로 큰 문제가 없다면 일단은 상사의 지시를 수행하면서 이유를 확인하고자 합니다. 이렇게 하고자 하는 이유는 불합리하다는 것은 사회초년생인 제가 보기에 그럴 수 있는 것이지만, 경험이 많으신 상사가 그렇게 지시한 데는 이유가 있을 것이기 때문입니다. 그러나, 만일 명확하게 법적으로나 도적적으로 문제가 있다면 지시를 수행하기 전에 인사팀이나 차상급자에게 보고하고 의견을 듣고자 합니다.'라고 한다면 무난한 답변이 될 수 있다.

Q. 퇴근 시간이 지나 개인적으로 중요한 선약이 있어 나가려는데 상사가 야근을 시킨다면?

두 번째 질문은 회사에서는 조직과 업무를 사적인 영역보다 중요시 하는 사람을 원한다는 것을 의미한다. 그러나, 기계적으로 답하는 인간미 없는 사람도 원치 않는다. 이 같은 질문에는 다음과 같이 답하는 것이 무난하다. '두 가지를 고려해봐야 한다고 생각합니다. 일단은 상사 분께 사정을 말씀 드리고 허락해주시면 약속을 갔다가 회사로 복귀하던가 집에서 밤을 새서라도 업무를 마무리 하도록 하겠습니다. 그러나, 업무가 정말 시급한 일이고, 선약이 시급을 다투는 사항이 아니라면 약속을 뒤로 미루고 남아서 야근을 하도록 하겠습니다.'라고 할 수 있다.

사실 이 같은 가치판단 질문은 어느 정도 답이 정해져 있고, 채용담당자들도 뻔한 질문이라는 것을 알고 있어서 변별력이 크지 않지만 개중에는 이 같은 쉬운 문제에조차 제대로 답을 하지 못하는 지원자도 있다. 스펙은 좋은데 선약이 우선이라거나, 무조건 상사의 지시에 따르겠다는 등의 아무 생각이 없어 보이는 답을 하는 지원자도 있다. 이외에도 노조에 대한 견해, 무노동 무임금, 임금피크제, 성과주의 등에 대한 지원자의 생각을 묻는 문제들이 나올 수 있다. 이러한 질문은 개인적인 생각 외에 어느 정도 인사노무 지식이 있어야 하기에 평소 관련 서적이나 신문을 통해 지식을 쌓아 놓으면 도움이 된다.

:: **경험**

기업에서 경험을 중시하는 추세임을 취업준비생들도 알고 있어서 전에 비해 준비를 잘 해오고 있음을 보게 된다. 일반적으로 자소서와 면접에서는 '성공 또는 실패 경험을 말해보라'라는 언뜻 보기에 평이한 질문을 제시한다. 그러나, 이에 대해 답변마저 평이하게 '이러 저런 성공 또는 실패 경험이 있었습니다'라고 한다면 이는 출제자의 의도를 완전히 비껴간 것이다. 자기분석의 경험 편에서 말한 것처럼 회사에서 듣고 싶은 것은 경험 자체보다 지원자가 어떻게 과정을 거쳤는지와 그것을 통해 배운 것이 무엇인지를 알고 싶어한다. 그것이 회사 생활과 업무 수행에 연관되어 있기 때문이다. 예를 들어 경험 카테고리 중의 하나인 '성장과정' 항목은 지원자의 출생과정이나 가족관계, 가정의 화목함을 궁금해서가 결코 아니다. 아직까지도 '저는 서울에서 공무원인 아버님과 현모양처인 어머님 가운데 1남1녀의 장남으로 태어나 모범적인 학창시절을……'라고 적는 '만행'을 저지르는 지원자가 있다. 채용담당자가 그 뒤 내용은 보지 않을 확률이 90%이상이다. 실제로 읽어 보아도 별 내용이 없는 경우가 대부분이다. '역경과 극복, 그리고 도약. 이것이 저의 성장 과정에 대한 요약입니다. 아버님의 사업실패로 가정형편이 어렵게 되자 저는……'이라고 하게 되면 일단 그 다음이 궁금해 진다. 성장과정을 포함한 모든 경험 항목에는 반드시 도전적인 상황과 이를 극복하는 과정, 그리고 그것에서 얻은 교훈이 포함되어야 한다.

한편, 특히 면접에서는 경험에 대해 꼬리에 꼬리를 무는 질문이 이어지게 되는데, 이는 경험은 '사실'과 관련된 사항이어서 확인을 위한 것이다. 따라서, 후속 질문까지 예상하여 준비해야 한다. 좋은 직무 경험을 잘 설명해놓고 '왜, 어떻게, 무엇을' 등의 후속 질문에 대한 답을 못해서 좋은 점수를 얻지 못하는 불상사가 있어서는 안 된다. 예를 들어 '조직 생활에서 성과를 낸 경험을 말해보라'라는 질문에 대해 '자신만의 아이디어로 침체된 동아리를 활성화시키고 인원을 늘렸다'라는 이야기를 했다고 해보자. 이어서 아이디어를 내게 된 이유는 무엇인가? 아이디어의 구체적인 내용은 무엇이며 실행과정은 어떠했나? 그 과정에서 어려웠던 점은 무엇이었나? 그것과 지원 직무와 어떤 관련이 있다고 생각하는가? 등의 질문이 이어질 수 있으니 이에 대한 대비도 해야 한다.

또 하나 취업준비생들이 유의해야 할 중요한 점은 관련 경험이 많다거나, 좋아한다는 것과 실제 그 일을 하는 것은 다르다는 점이다. 많은 지원자가 이것을 혼동하고 있다. 예를 들어 스포츠 마케팅 지원자중에 '저는 스포츠를 너무 좋아해서 구단 서포터즈를 했었고, 2개 이상의 스포츠 동아리 활동을 했습니다'라고 자랑스럽게 말하며 자신이 직무 적합자라고 주장하는 사람이 적지 않다. 여행을 좋아하고 많이 다녀봐서 여행사에 입사하겠다는 지원자도 있다. 운동을 좋아하고 여행을 즐기는 사람은 많다. 아마 싫어하는 사람 찾기가 더 어려울 것이다. 그러나, 스포츠를 좋아하는 것과 스포츠 마케팅은 차원이 다르다. 요구하는 역량이 다르기 때문이다. 좋아하던 여행이 남을 위한 일이 되는 순간 그것은 즐거움과는 거리가 먼 것이 되고 만다. 많은 경험, 내가 좋아하는 경험이 아니라 직무에 적합한 경험이 필요하다.

구체적인 경험 항목 준비 방법을 아래의 사례들을 통해 보다 자세히 살펴 보도록 하자. 첫 번째 등장하는 아르바이트 매출 향상은 소재 면에서 좋은 내용을 담고 있다. 지원 직무가 영업 마케팅 분야고, 기업이 소비재 회사라면 더욱 적절한 내용이다. 이 사례는 전형적인 상황-과정-결과를 담고 있다. 문장력이나 표현, 구성도

Chapter 07
자소서와 면접, 어떻게 준비해야 하나?

나쁘지 않다. 문제에 처한 매장에서 아르바이트생임에도 적극적으로 해결을 위해 나선 것과 구체적인 수치로 표현되는 결과들이 읽는 사람으로 하여금 내용에 대해 흥미와 몰입을 갖게 하고 있다. 문장의 양은 기업마다 요구하는 분량에 맞게 조절하도록 한다.

+ 경험 사례 : 아르바이트 매출 향상

○○베이커리에서 아르바이트로 일할 때 점주님께서 매출 정체로 고민하는 모습을 지켜보다가 조금이나마 도움이 돼드리고자 점주님께 고객관리 아이디어를 제안하여 실시하였습니다. 생일을 맞은 고객님에게는 할인 또는 추가 상품을, 유아동반 고객에게는 작은 장난감을 주는 방식이었습니다.

점주님께서는 처음에는 비용 문제로 인해 부담스러워 하셨지만 제가 확신을 갖고 설득하고 평소 저의 적극적이고 열정적인 근무 태도가 신뢰의 바탕이 되어 시행할 수 있었습니다.

그 결과 3개월 만에 매출이 30% 이상 증가하였고, 고객 재방문률도 1.5배로 상승하였습니다. 고객님들로부터는 감사하다는 인사와 함께 아르바이트생 치고는 너무 친절하고 싹싹하다는 말을 듣기도 하였습니다.

어떤 보상을 바라고 한 일이 아니라 좀 더 나은 서비스를 제공한다는 마음으로 시작한 것인데 점주님은 제 아이디어 덕분에 매상이 올랐다며 다른 아르바이트생들은 대부분 시간만 때우다가 가곤했는데 저는 달랐다며 시급도 올려주시고 성과급도 주셨습니다.

두 번째 사례는 많은 대학생들에게 있는 학과 과제 소재이다.

+ 경험 사례 : 수업 과제

마케팅 팀 과제를 할 때의 일이었습니다. 당시 새로 부임하신 마케팅 과목 교수님께서는 다른 교수님들과 달리 이론 보다는 현장을 중시하시는 분이셨습니다. 과제 역시 단순히 자료 조사 차원이 아니라 선정한 제품이나 서비스에 대해 현장에서 고객들의 반응을 조사하는 것이었습니다. 총 5명으로 구성된 저희 팀은 먼저 최선을 다해 고객 반응 조사를 기획하였습니다.

그런데, 갑자기 조장을 맡았던 친구가 집안 사정으로 인해 휴학을 하게 되었습니다. 우리 중에 가장 마케팅 지식은 물론 리더십도 뛰어난 친구여서 그 공백이 더욱 컸습니다. 누가 새로운 조장을 맡을지 논란 끝에 아무도 하려 하지 않고, 시간은 흐르는 가운데 더이상 지체할 수 없어 제가 나서게 되었습니다. 팀원들이 약속된 부분을 해오지 않거나 너무 힘들어서 중도 포기하려 할 때 때로는 달래면서, 때로는 엄하게 질책하면서 팀을 이끌었습니다.

가장 더웠다는 8월의 땡볕아래 00노천광장에서 저희 팀원들은 물도 제대로 못 마셔가며 고객반응 조사를 하였습니다. 너무나 힘들었지만 기획에서 실시까지 모두 하나가 되어 합심하여 노력하여 보고서를 제출하던 날 팀원 모두 서로를 바라보며 우리만 알 수 있는 미소를 지었습니다. 교수님은 우리 팀의 보고서가 가장 과제 취지에 적합 했다며 칭찬은 물론 최우수 조에 선정되는 기쁨을 맛보았습니다.

극적이거나 수치화된 요소는 없지만 역시 구성에 있어서 SPR 원칙을 잘 활용했다는 점이 좋은 평가를 받을 만하다.

:: 직무

직무에 대한 질문을 통해 회사에서 확인하고자 하는 것은 지원자의 경영 및 직무관련 지식과 함께 문제해결력, 분석적 의사결정력, 논리적 추론 능력, 설득력 등 직무 관련 역량이다. 또한, 회사와 직무에 대해 얼마나 알고 있으며 준비되어 있는지도 보고자 한다. 직무 질문의 특성 중의 하나는 답이 있는 것도 있지만 대개는 정답을 요구하기 보다 답하는 과정을 본다는 것이다. 따라서, 취업 준비생들은 직무 질문이 나올 경우 정답을 찾는 것에 초점을 두지 말길 바란다. 질문의 주요 형태는 기업에서 실제로 일어남직한 전략기획, 마케팅, 영업, 재무, 인사, 생산 등 각 부문 관련 상황을 제시하고, 이에 대한 해결책이나 대응방법을 묻는 것이 나오게 된다. 본인이 지원한 직무에 해당하는 항목을 물을 때가 많지만, 지원 직무와 관계없는 경영전반이나 타 직무에 대한 문제가 나올 때가 있으니 이에 대한 대비도 필요하다. 직무 질문은 주로 면접에서 사용되는 편이지만 LG생활건강의 직무에세이 문제인 '여러분이 LG생활건강 마케터라 가정하고 우리 회사의 브랜드 중 하나를 선정해 중화권 시장에 성공적으로 정착하기 위한 구체적인 전략을 제시해 주시기 바랍니다'와 같이 서류 지원 시 출제될 수도 있음을 알아야 한다.

직무 질문과 답변은 업무의 축소판이라고 할 수 있다. 실제 업무에서 중요한 것 중의 하나가 바쁜 상사에게 보고 했을 때 상사가 쉽게 이해하고 납득할 수 있게 하는 능력이다. 면접 역시 답변의 내용뿐만 아니라 지원자의 커뮤니케이션 하는 능력과 방식도 보게 된다. 실제 업무 시에도 상사들은 빨리 결론부터 듣고 싶어한다. 그리고 그 결론을 구성하는 근거들은 논리적일 것을 원한다. 마찬가지로 면접에서도 빠른 시간 안에 핵심적인 결론만을 무선 이야기 하고 논리적으로 이유를 의사소통 하는 능력을 보여주어야 한다. 스펙이 아무리 좋아도 이 같은 능력이 부족하다면 합격이 어렵다. 또한 운 좋게 합격한다 해도 업무 수행이 효율적이지 못할 확률이 높다. 직무 질문으로 자주 출제되는 경영전략, 마케팅, 재무, 생산 직무 관련 질문 유형과 대응법은 5장의 기업분석 편을 참조하면 도움이 된다. 여기에서는 기업분석 편에서 다루지 않은 인사조직 직무 질문과 대응방법을 소개하고자 한다. 인사조직 질문은 경영전략이나 마케팅, 재무, 생산에 비해 출제 빈도가 높은 편은 아니다. 하지만 아래 소개하는 내용을 직무 질문에 대한 전반적인 문제 풀이 방법의 틀을 익힐 수 있다.

:: 신입사원 이탈 방지 해결 방안을 제시해보라(효성 PT면접 주제)

서론 부분에서도 언급했지만 신입사원의 1년 내 이탈율이 증가하는 추세이다. 많은 기업에서는 어렵게 뽑은 신입사원이 이탈하면 채용에 들인 비용도 비용이려니와 업무적으로 차질이 생긴다. 직무 질문은 어떤 문제가 나오더라도 앞서 이야기한 논리구조 중에서 CRC 기법을 떠올리면 답하기가 쉬워질 수 있다. 기본적으로 3개, 최소 2개의 결론과 각각의 근거, 내용을 제시할 수 있도록 하자. 신입사원의 이탈 방지 방안도 같은 방법으로 접근이 가능하다. 신입사원이 이탈하는 가장 큰 요인을 처우와 업무 환경 두 가지로 생각해 볼 수 있다. 요즘은 워낙 정보 공유가 잘되어 다른 회사의 처우나 분위기도 SNS등을 통해서 쉽게 알 수 있다. 이에 따라 상대적 불만이 더 커지게 되었다. 또한 본인이 입사를 위해 투입한 직간접 시간과 비용이 점점 커짐에 따라 회사에 대한 기대치가 올라가고 있다. 반면에 실제 근무하는 회사나 직무에 대한 만족도는 상대적으로 떨어지게 된다. 이런 이유들로 인해 신입사원의 이탈이 늘어나게 된다. 이 같은 문제가 주어진다면 지원자는 다음과 같이 답변하는 것이 바람직하다.

'먼저 신입사원 이탈의 원인을 크게 두 가지로 구분해 보겠습니다. 첫째, 물질적인 측면으로서 회사의 연봉이나, 성과급, 복리후생 등 처우에 관련된 면입니다. 다른 하나는 정성적인 면으로서 회사의 비전이나, 본인의 적성, 인간관계, 근무환경 등이 있을 수 있다고 생각됩니다. 이에 대한 대응 방안으로는 처우는 동종업계와의 비교, 회사의 재무상태 등을 조사하여 동종업계 대비 낮은 수준이면서 회사에 여력이 있다면 조정을 추진하겠습니다. 아울러, 비금전적 동기부여 방식도 추진하겠습니다. 회사의 비전, 본인의 적성, 근무 강도, 인간관계 등도 조사하여 필요하다면 비전을 명확하게 제시하고, 부서 이동, 직무재배치, 업무효율화 등을 시행하겠습니다. 이밖에 추가적으로 신입 적응 프로그램, 고충상담 정례화 등을 도입 또는 강화하여 문제를 사전에 예방하는 조치도 취하도록 하겠습니다.' 이를 도식화 하면 더 이해가 쉽다.

:: **우수 인재의 조직 이탈 방지를 의한 동기부여 방안을 제시해 보라** (CJ제일제당 HR면접)

우수인재 이탈 방지를 위한 동기부여 문제 역시 물질적 동기부여 방안과 비물질적 동기부여 두 가지로 나눠 볼 수 있다. 아무리 대기업이라고 해도 처우가 상대적으로 낮다고 판단되면 우수 인재가 쉽게 떠날 수 있다. 평균적인 인재 대비 무언가 차별화된 보상이 있어야 한다. 연봉이든, 성과급이든, 스톡옵션이든 무언가가 있어야 한다. 반대로 보상이 크지 않아도 인재가 유지 될 수 있다. 사람은 돈에 의해서만 움직이는 대상은 아니다. 아무리 돈을 많이 준다 해도 경영진과 상사가 본받을 만하고, 비전이 있고, 조직 내에서 인정받는 직무와 역할을 수행한다면 움직이지 않을 것이다. 그러므로, 물질적 요인과 비물질적 요인을 모두 제시하는 것이 바람직하다.

:: 적합성

 '수많은 지원자중에서 우리 회사가 당신을 왜 뽑아야 하는가? 이 직무를 위해 어떤 준비를 해왔는가?'와 같은 질문을 출제하는 의도는 지원자의 적합성을 듣고자 하는 것이다. '어려서부터 숫자 감각이 있다는 소리를 들어왔습니다. 대학에서 회계학을 전공하였고, 회계실무를 기업에서 배우기 위해 구직 중에 공고를 보고 지원하게 되었습니다.' 금융권 지원동기의 일부이다. 입사하고 싶은 마음이 있어 보이는가? 다른 지원자를 보자. '변화를 주도하는 00기업이야 말로 글로벌 외환 관리의 핵심인력으로 성장하고자 하는 저에게 최적의 기업이라고 판단되어 지원하였습니다. 이를 위해 외환관리사 1차 시험을 합격한 후 2차 실무과정을 준비 중에 있습니다.' 짧은 문장이지만 누가 더 준비되어 보이는가? 누가 뽑히는 게 상식적으로 맞아 보이는가? 자녀가 자소서를 제출하기 전에 한 번쯤 부모가 먼저 읽어 보라. 자녀라는 선입견을 버리고 객관적으로 보라. 뽑힐 만한 내용과 구성을 갖추었는지를. 채용전문가가 아니더라도 사람 보는 눈은 거의 비슷하다. 적합성은 자기분석과 기업분석 결과 나타난 나의 강점을 회사의 필요에 맞추는 것이다. 이에 관련된 질문 항목들은 다음과 같다.

· 본인이 우리 회사에 적합한 인재라고 생각하는 이유(LS산전)
· 여성 지원자로서 강점이 무엇이 있을 것인가(현대차)
· 자신의 장점을 살려 이룩한 성과를 말해보라(삼성전자)
· 우리 회사가 당신을 뽑을 수 있게 자기 자신을 PR해보라(삼성전자)
· 지원한 직군에서 자신이 하고 싶은 일과 본인이 그 일을 남들보다.

· 잘할 수 있는 차별화된 능력과 경험을 기술하시오(이마트)

문제에서 볼 수 있듯이 지원자를 뽑아야 하는 이유, 지원자의 강점(장점), 자기PR, 다른 사람과의 차별성 등 질문은 다른 형태지만 모두 같은 것을 묻고 있다. 그것은 바로 지원자와 회사·직무와의 적합성이다. 5장에서도 이야기 했지만 이 적합성이 취업의 핵심이라고 할 수 있다. 입사 희망 기업과 직무에 대한 나의 적합성이 명확하고 정확할수록 취업 확률이 높아진다고 할 수 있다. SW개발 직무 지원자의 적합성에 대한 답변을 보자.

+ SW개발 직무 지원자의 적합성

첫째, 회사와 직무에서 필요로 하는 기술을 갖고 있습니다.

① C, Java, JSP, html 등에 대한 충분한 학습과 프로젝트 등으로 바로 현업에 투입되어도 전혀 문제 없다고 생각됩니다.

② DBMS로는 Oracle, MySQL 사용 경험이 있습니다.

③ 최신 IT 트렌드에 부응하고자 Big Data 전문가 양성과정을 수료하였으며

그 과정에서 대용량데이터 처리 기술인 Hadoop 등을 습득하였습니다.

두 번째, 능동적이며, 주도적인 개발자 입니다.

전공 수업과 교수님과의 프로젝트를 통해 많은 실습 과제들을 수행하면서 단순히 주어진 과제에 대해 코딩만 하는 수준이 아니라, 초기 기획 단계부터 적극적으로 새로운 방법을 고민하고 적용하는 개발자로서의 기초를 다질 수 있었습니다.

재학 중 항상 성실하고 책임감 있는 학습 태도와 팀 과제나 수업 등에서 항상 솔선수범하고 주도적이 되고자 하였으며, 이런 노력의 결과로 좋은 성적과 장학금을 받기도 했습니다.

짧은 내용이지만 회사와 직무에서 원하는 것이 무엇인지를 알고, 정확이 자신의 적합성을 내세우고 있음을 볼 수 있다. 지금 당장 업무를 시켜도 할 수 있을 것 같은 느낌을 주고 있다. 모든 회사가 그렇겠지만 기술력뿐만 아니라, 업무에 임하는 태도에 있어서 시키는 일만 하는 수동적인 사람이 아니라 스스로 고민하고 일을 찾아서 추진하는 사람을 원한다. 이런 점에서 적합성이 높다고 할 수 있다. 다만 한가지 아쉬운 점은 적합성 두 번째 요인에서 좀 더 구체적인 사례를 제시했으면 더 좋은 답변이 되리라고 본다. 좋은 적합성이 나오려면 나의 강점 분석과 기업·직무 분석이 꼼꼼하고 철저하게 이루어져야 함을 다시 한번 강조하는 바이다.

:: 직무별 적합성에 대한 고정관념을 버려라

대학에서 취업 특강을 마치자 한 학생이 따로 찾아와 영업 직무를 하고 싶은데 어떻게 준비해야 하냐고 물었다. 왜 영업 직무를 희망하냐고 되묻자 '제가 사교성이 좋아서요. 사람들 만나는 걸 좋아하고 쉽게 잘 어울립니다'라고 말했다. 이 말을 들은 여러분은 어떤 생각이 드는가? 아주 짧은 문장이지만 영업 직무에 적합하다고 보여지는가? 많은 지원자들이 이처럼 직무별 적합성에 대해 고정관념을 갖고 있다. 특히, 위의 SW개발자와 같이 구체적인 기술

Part 03
안을 채울 5대 핵심 항목 따라잡기 : 지원동기, 가치관, 경험, 직무, 적합성 | **199**

이 필요한 이공계 보다는 추상적일 수 밖에 없는 문과계열 직무가 더욱 그렇다.

예를 들어, 재무는 꼼꼼함이나 정직성, 마케팅은 참신한 아이디어, 영업은 친화력과 사교성이 직무 적합성이라고 생각한다. 먼저 재무 업무 지원자의 강점에서 빠짐없이 보이는 '꼼꼼하다'를 보자. 꼼꼼한 것은 어떤 직무에서나 필요하지만 특히 재무회계 같은 숫자를 다루는 직무에서 더욱 그렇다. 회사에서도 당연히 치밀하지 못한 사람보다는 꼼꼼한 사람을 좋아한다. 그렇다면 재무 지원자 등 중에 꼼꼼함을 자신의 강점으로 내세울 사람은 얼마나 되겠는가? 90% 이상이다. 그러니, 정말 눈에 확 띌 정도의 엄청난 꼼꼼함의 사례를 들지 않는 이상 눈에도 띄지 않는다. 취업준비생들이 많이 사용하는 사례 몇 가지를 살펴 보자. '군에서 행정병을 맡아 근무기간 동안 행정오류가 발생하지 않는 꼼꼼함을 보여 포상휴가를 가기도 하였습니다', '제가 동아리 총무를 맡은 뒤로는 일정이나 금전상의 오류가 단 한 건도 발생하지 않는 등 저의 치밀함은 동아리 선후배들 가운데서도 인정 받을 정도였습니다' 등이 대표적이다. 이처럼 수십, 수백 건의 꼼꼼하다고 주장하는 사람들 중에서 얼마나 꼼꼼해야 경쟁력을 가질 수 있겠는가? 돈을 다루는 재무회계에서 꼼꼼함과 정직성은 너무나 당연한 자질이다. 그렇기에 웬만해서는 차별화나 경쟁력을 갖기 어렵다. 그렇다면 어떻게 해야 하나? 재무회계 업무 내용을 들여다 보자. 회사에 따라 차이가 있을 수는 있지만 직무특성상 업무 스케줄은 주기적이고, 업무 강도는 높은 편이다. 월/반기/분기/년 결산 등의 기본적인 업무만으로도 정말 눈코 뜰새 없이 바쁘다. 결혼식이나 신혼여행 같은 일생에 한 번 있는 중대사 조차도 결산 일정 뒤로 미루는 경우도 적지 않다. 여기에 회계감사나 세무조사 등이 있을 경우에는 코피를 쏟을 지경이다. 따라서, 회사 사정에 따라 자신의 개인 일정을 희생하는 희생 정신, 장시간의 업무를 묵묵히 해내는 인내심과 끈기, 많은 업무를 빠르게 처리할 수 있는 사람이 선호된다. 이처럼 차라리 꼼꼼함 보다 장시간의 많은 업무를 빠르고 정확하게 처리하는 동시에 희생 정신과 인내심이 있다고 한다고 하면 어떨까?

마케팅 지원자들은 마케팅 감각이나 아이디어력을 좋은 강점이라고 생각하는 경향이 있다. 그런데, 실제 마케팅 업무를 들여다보면 매출 분석, 고객 데이터 분석, 매체 분석, 광고 효과 분석 등 자료 분석과 관련된 업무가 많다. 분석에는 무엇보다 꼼꼼함과 치밀함, 데이터에서 패턴을 발견하는 인사이트가 요구된다. 모든 지원자가 마케팅 감각이 좋다고 이야기 할 때 데이터 분석과 광고 효과 분석에 꼭 필요한 치밀함과 인사이트를 갖고 있다고 어필하는 것은 어떨까? 아울러, 마케팅은 업무 특성상 대행사, 협력사, 외주 업체 등과 일할 기회가 많은 편이다. 이들과의 원활한 관계 여부가 때로 업무에 큰 영향을 주기도 한다. 따라서 효과적으로 커뮤니케이션 하기 위해서는 사교성과 친화력도 필요하다.

영업의 경우 위의 학생처럼 사교성이나 친화력만 가지고 영업이 성공적이면 얼마나 좋을까? 사교성과 친화력을 바탕으로 물건이나 서비스를 제공해서 매출을 올렸다. 그런데, 거래처의 신용도나 재무 상태를 꼼꼼히 확인하지 못해 부실채권이 된다면 일을 잘하는 영업사원일까? 결론적으로, 이처럼 직무의 내용과 실제로 필요로 하는 역량을 정확히 알아야 진정한 적합성이라고 주장 할 수 있다. 이런 점은 회사 생활을 해본 부모라면 충분히 얘기해 줄 수 있는 것들이다. 자녀의 자소서를 보고 적합성 항목이 있거든 꼭 조언해주길 바란다.

자소서와
면접 + α

지금까지 살펴본 자소서와 면접 대응법을 잘 익혀서 실전에서 유용하게 사용될 수 있게 하자. 여기에 더해 자소서 작성이나 면접 시 유의 해야 할 사항들을 알아보도록 하자.

:: 출제자의 의도가 최우선이다

자소서와 면접은 첫째도, 둘째도, 셋째도 출제자의 의도를 파악하고 그에 맞게 답하는 것이 핵심이다. 그러나, 많은 취업준비생들이 자신이 하고 싶은 말만 하고 있다. 자소서든, 면접이든 목적은 내가 하고 싶은 얘기를 하는 것이 아니라 상대가 듣고 싶은 얘기를 하는 것임을 절대 잊어서는 안 된다. 왜 많은 기업에서 자소서 항목에 글자 수를 제한하고 있을까? 지원자가 많아서? 채점 시간 절약하느라고? 바로 비즈니스 커뮤니케이션 능력을 평가하기 위함이다. 비즈니스 커뮤니케이션의 핵심은 간결함과 포인트를 짚는 능력이다. 제한된 정보와 시간, 분량 안에서 핵심만을 어떻게 효율적으로, 설득력 있게, 결론 중심으로 주장하는가를 보고자 하는 것이다. 수려한 문장력이나 언변은 부차적 요소일 뿐이다. 지원자는 비즈니스 커뮤니케이션을 해야 한다.

:: 기본에 충실하라

지금까지 이야기한 자소서와 면접의 실전 노하우들 못지않게 중요한 것이 기본이다. 기본에 충실하라는 다소 진부할 수 있는 원론적인 이야기를 하고자 한다. 이유는 기본이 되어 있지 않으면 아무리 좋은 전략과 콘텐츠가 있어도 좋은 결과를 얻기 힘들기 때문이다. 결과 상의 큰 차이는 결국 디테일의 차이인 경우가 많다. 취업 준비로 여유가 없는 취업준비생들도 취업에 임하는 기본 자세부터 충실할 것을 당부하고 싶다. 예를 들어 지원자들은 면접 보는 회사에서 누가 직원인지 외부인인지 모른다. 복도나 엘리베이터에서 회사나 면접에 대해 말하는 것은 금물인데도 쉽게 회사나 면접 뒷담화를 하는 경우가 있다. 끝나고 집에 돌아가는 순간까지 절대 긴장을 늦추지 말고 주의하도록 하자.

이외에도 이메일과 문자 보내는 법, 전화하는 법, 입사지원서 쓰는 법(내용이 아닌 양식), 탈락 시 대응 등 기본적인 것을 잘 지키지 못하는 지원자들이 많다. 인사팀이나 채용담당자에게 전화해서 누구인지도 밝히지 않고 '지원하려면 어떻게 해야 되요?', '서류 발표 언제 나나요?', 심지어 '저 합격했나요?' 등을 다짜고짜 물어와 당황케 만드는 경우가 생각보다 많다. 우선 정중하게 메일을 보내고, 정 급하거나 메일 회신이 오지 않았다면 전화를 해서 '저는 이번 신입 공채에 지원한(할) 누구누굽니다. 채용 관련 문의사항이 있어 전화 드렸는데 잠깐 통화 가능하신지요?' 라고 먼저 양해를 구하는 것이 기본 상식이다. 최근에는 취업준비생의 부모들도 직접 인사팀으로 전화해서 자녀의 합불합격이나 채용절차 등에 대해서 묻는 적극적인 분들이 많다. 자식 사랑만큼은 충분히 이해가 되나 자녀에 대해 부정적인 인식만 남기게 된다. 채용 시즌에는 인사팀에서 전화 응대 하는 것 조차 부담된다. 이메일로 문의하는 것이 하나의 요령이다.

또한, 탈락 메일을 받게 되면 회신을 보내도록 해보자. 속은 쓰리지만 인사담당자에게 '바쁘신 가운데 회신 감사 하며 저의 어떤 부분이 부족한지 어떻게 보완하면 될지 조언해 주시면 감사하겠습니다.' 라고 메일을 보내 보자. 대부분 회신이 오지 않거나 '구체적인 탈락 사유는 말씀 드리기 어렵습니다.' 라는 답을 받게 될 것이다. 그러나, 이 작은 행동이 어떤 결과를 불러 올지 모른다. 흔치 않지만 탈락 사유와 조언을 해주는 메일이 올 수도 있고, 인사 담당과 개인적으로 인연이 되어 어떤 도움을 받을 지도 모를 일이기 때문이다.

구글에서는 뛰어난 인재보다 복도에 떨어진 휴지를 줍는 사람을 선호한다고 한다. 세계 최고의 서비스와 기술을 지향하는 회사에서 원하는 인재상이 고작 휴지를 줍는 것이라고 하니 별것 아닌 것 같지만 많은 것을 담고 있다. 그 작은 행동 안에는 조직과 동료를 배려하는 마음, 질서와 청결, 솔선수범 등 여러 가지가 담겨있다. 그런 사람이 독선적이거나 쏘시오패스 일리 없고, 조직 내 부정과 비리를 저지르거나, 무능할 확률이 낮다고 보는 것이다. 모든 취업준비생들이 기본에 충실한 사람이 되길 바라는 마음이다.

:: 88만원도 아까운 사람, 880만원도 아깝지 않은 사람

지원서를 읽다 보면 도대체 이 사람 머리 속에는 무엇이 들어 있을까 하는 지원자들이 있다. 단순한 오타 정도는 애교로 볼 수 있다. 마케팅 담당을 뽑는다는 채용공고에 당당하게 '물류전문가가 되겠습니다!', '총무는 저에게 맡겨 주십시오'라는 지원자도 있다. 다른 회사에 넣었던 지원서를 하나도 안 고치고 'A사에 지원'하면서 'B사에 뼈를 묻겠다'는 웃기 조차 민망한 지원자도 있다. 다른 회사 이름을 적어내는 것은 실수가 아닌 테러에 가깝다. 기껏 서류를 통과해 면접에 와서는 회사와 직무에 대해 얼마나 아는지 질문을 받으면 눈만 껌벅거린다. 지원서에는 이 회사 아니면 당장 죽을 것처럼 애절한 문장을 나열하지만 정작 면접시간 다되었는데도 안 보여서 전화하면 방금 자다 일어난 목소리로 못 온다는 사람, 회사 건물을 못 찾아 헤매는 사람, 당당하게 늦는다는 사람, 사정이 생겨 늦는다며 실실 웃는 사람, 연락두절 등등. 그토록 입사하고픈 열망이 있다는 수많은 지원자들을 한 꺼풀만 들춰보면 이와 같은 일종의 허수 지원자들이 생각보다 많다. 정말 이러고도 취업난이라고 할 수 있는지 의문이 들었다. 요즘 88만원 세대라는 말이 있는데 솔직히 이런 젊은 이들 에게는 88만원조차 아깝다고 말하고 싶다. 면접을 보면 서류와 다른 지원자(예를 들어, 지원서에는 해외연수 경험에 토익 900점인데, 영어로 자기소개를 더듬대는 지원자)가 반이 넘는다. 이러니 기업에서는 쓸 만한 사람이 없다는 말이 나오게 된다. 반면에, 어떤 지원자는 채용 과정에서는 물론, 이후 일하는 모습에서도 후배지만 대견한 친구들이 있다. 전에 한 지원자에게 '회사 건물이 이면도로에 있어 오는데 찾기가 쉽지 않았을 텐데 어땠냐'고 했더니 '면접 전날 회사에 와서 위치를 파악하고 합격을 다짐하고 갔다'고 대답해 놀란 적이 있었다. 직무 관련 적합도도 우수하여 입사가 되었다. 이 직원은 입사 후에도 일이 주어지면 시키는 대로 하는 것이 아니라 항상 먼저 이 일을 왜 해야 하는지, 어떻게 하면 더 잘할 수 있는지를 고민하는 모습을 보여 주었다. 실행력도 물론 뛰어났다. 이런 젊은이들을 보면 월급을 880만원 주어도 아깝지 않다고 느꼈다. 부모들도 자신의 자녀가 88만원짜리인지 880만원급 인재인지 생각해 보아야 한다.

:: 지원자도 회사를 평가하라

취업준비생들은 면접이 지원자를 일방적으로 평가하는 시간이라고 생각한다. 이렇게 평가 받는다는 생각을 하게 되면 아무래도 주눅이 들거나 긴장하게 되고, 뭔가 더 해야 한다는 압박감이 생기게 된다. 또 꼭 합격해야 한다는 생각에 압박 면접이라는 빌미로 회사에서 지원자에게 무례한 언행을 하거나 직무와 무관한 사항을 묻더라도 싫은 내색을 하지 못한다. 그런데 실상 면접은 회사만 일방적으로 지원자를 평가하는 것이 아니라 지원자도 회사를 평가하는 시간이다. 회사에서 하는 질문이나, 분위기 등을 보면서 회사를 평가해야 한다. 이처럼 면접이 면접관과 피면접자 상호간의 커뮤니케이션이라는 마인드를 가진 기업은 지원자가 회사를 평가한다는 것을 알고 있다. 지원자도 잠재 고객중의 한 명으로 보고 면접은 물론 채용 전 과정에 있어서 소홀히 대하지 않아 탈락자조차 기업에 호감을 갖게 한다. 그렇기에 회사만 질문을 하는 것이 아니라 지원자 역시 회사나 면접관에게 궁금한 것은 당당히 물어볼 수 있어야 한다. 필자는 면접 시 반드시 회사나 직무, 또는 다른 어떤 것이라도 괜찮으니 질문하라고 기회를 주곤 했다. 그런데 많은 지원자들이 질문을 하지 않았다. 그들이 궁금한 게 없어서라고는 생각되지 않는다. 질문은 면접관에게 어필할 수 있는 좋은 기회인데 면접에서 튀지 않으려는 성향과 잘해봤자 본전이라는 생각이 대다수 인 것 같다. 이제부터는 궁금한 것이 있거나, 자기 PR을 하고 싶다면 눈치보지 말고 당당히 말하도록 하자.

:: 면접은 멘탈이다

면접은 확실하게 붙일 사람을 골라내는 과정이다. 따라서, 당락이 결정되는 중요한 절차이기에 한번 더 그 중요성에 대해 강조하고자 한다. 자소서는 작성 할 때 시간적인 여유도 있고, 벤치마킹도 가능한 시험으로 비유하자면 오픈 북이다. 이에 비해 면접은 어떤 도움도 바랄 수 없는 오로지 혼자 헤쳐나가야만 하는 상황이다. 면접이야말로 지금까지 이야기해 온 많은 것들을 짧은 시간 안에 긴장된 상황에서 풀어내야 하는 합격의 백미라고 할 수 있다. 면접은 뽑을 사람을 가려내는 단계다. 그렇기에 우선 마음가짐부터 수동적이 되어서는 안 된다. 면접장에 들어가기 전 대기시간부터 자신감이 넘쳐야 한다. 자신이 가진 능력의 120%를 발휘한다는 생각으로 마인드 콘

트롤과 자기암시를 해야 한다. 그래야 준비한 것을 차분하게 풀어내는 것은 물론 돌발상황에도 여유있게 대처 할 수 있다. 건방지거나 섣부른 모습을 보여주어서는 안 되지만, 지나치게 겸손하거나 소극적인 모습 또한 금물이다. 신입사원의 면접의 경우 대부분 1대1 단수 면접은 거의 없고, 집단 면접이니만큼 경쟁자들 사이에서 적절하게 치고 나가는 적극성도 보여줄 필요가 있다.

끝으로 한가지만 더 이야기 하자면, 면접에서 옷차림, 메이크업, 손의 위치가 중요하다고 하여 가르쳐 주는 곳도 있고, 취업준비생들도 그런 것이 중요하다고 생각하는 것 같다. 물론 단정하고 깔끔한 것은 기본이지만, 면접관이 크게 신경 쓰고 보지 않는다. 보지 않는게 아니라 사실 볼 겨를이 없다. 수많은 지원자를 보면서 질문하기에도 바쁜데 옷이 어떤 칼라인지 구두가 잘 닦였는지 볼 정신이 없고 아예 평가 항목에 없는 경우도 많다. 최근에는 벤처기업뿐만 아니라 대기업에서도 면접 복장에 대해 획일적인 정장차림이 아닌 자율 복장으로 점차 진화해 가고 있다. 그런 것에 신경 쓰느니 그 시간에 자신의 논리력을 점검해 보는 게 낫다.

[참조 3] 2015년 주요 기업 자소서 및 면접 항목 예시

:: 삼성전자

■ **자소서 항목**(※ 2015년 하반기부터 자소서란 명칭대신 직무에세이로 변경)

1. 삼성 취업을 선택한 이유와 입사 후 회사에서 이루고 싶은 꿈을 기술하십 시오.(700자 이내)

2. 본인의 성장과정을 간략히 기술하되 현재의 자신에게 가장 큰 영향을 끼친 사건, 인물 등을 포함하여 기술하시기 바랍니다. (※작품속 가상인물도 가능) (1500자 이내)

3. 최근 사회 이슈 중 중요하다고 생각되는 한가지를 선택하고 이에 관한 자 신의 견해를 기술해 주시기 바랍니다.(1000자 이내)

■ **면접 질문**

❶ 인성
   - 자신의 장단점이 무엇이라고 생각하는가
   - 자신의 장점을 살려 이룩한 성과를 말해보라
   - 우리 회사가 당신을 뽑을 수 있게 자기 자신을 PR해보라
   - 친구들이 당신을 어떤 사람이라고 부르는가
   - 친구들이 자신에게 조언해준 것 중 기억나는 것은
   - 본인에게 가장 어려웠던 일은 무엇이었나
   - 최근 가장 비도덕적으로 행동한 일은 무엇인가
   - 본인이 위급한 수술을 해야하는데 잘 이해해주는 의사와 실력이 좋은 의사중 누구를 택할 것인가

- 팀워크가 좋은 동료와 능력이 뛰어난 동료중 어느 동료와 일하겠는가
- 창의적으로 문제 해결을 하였던 일 가운데서 트러블은 없었나
- 동아리 활동을 하면서 가장 힘들었던 일은 무엇인가

❷ 직무
- 본인이 생각하는 영업마케팅의 데피니션은 무엇인가
- 본인의 졸업논문을 어떻게 삼성전자에 활용할 수 있겠는가
- 앞으로 어떤 사업부에서 어떤 일을 하고 싶은가
- 왜 삼성이여만 하는가
- 입사한다면 회사에 어떻게 기여하겠는가

※ 각 기업에서 발표한 자료 및 언론에 공개된 자료를 바탕으로 한 것으로서 기업 사정에 따라 변경될 수 있음
※ 세부 항목과 질문은 계열사 및 지원 직무에 따라 달라질 수 있음

[참조 3] 2015년 주요 기업 자소서 및 면접 항목 예시

:: **LG전자**

■ **자소서 항목**

1. 본인이 가진 열정과 역량에 대하여(본인이 지원한 직무와 관련된 경험 및 역량, 관심사항 등 자신을 어필할 수 있는 내용을 기반으로) 자유롭게 기술해 주시기 바랍니다. (핵심위주로 근거에 기반하여 간략하게 기술 부탁드립니다.)(500자~1,000자)

2. 본인이 이룬 가장 큰 성취경험과 실패경험에 대하여 (본인의 인생에서 가장 큰 성취의 경험과 실패의 경험을 적고, 그 경험을 통하여 본인이 느끼고 배운 점에 대하여) 자유롭게 기술해 주시기 바랍니다. (핵심위주로 근거에 기반하여 간략하게 기술 부탁드립니다.)(100자 ~500자)

3. 본인의 10년 후 계획에 대하여 본인이 지원한 직무와 관련된 본인의 계획, 꿈, 비전에 대하여 기술해 주시기 바랍니다. (핵심위주로 근거에 기반하여 간략하게 기술 부탁드립니다.)(100자~500자)

■ **면접 질문**

❶ 인성
  - 지금까지 살아오면서 가장 기억에 남는 경쟁은? 경쟁에서 이긴 (또는 진) 이유는
  - 당신이 목표로 하는 직장에서의 최고 직위는 무엇이며, 10년뒤 직위를 예상해 본다면

❷ 직무
  - 현재 세상에 나온 전자제품 중 본인이 개발했다면 다르게 만들었을 것 같은 제품은(영업 마케팅 직무)

- 한국 동전으로 1210원의 거스름돈을 주려고 한다. 가장 작은 수의 동전으로 주는 방법을 코딩해보라 (R&D, SW직무)
- 프로젝트 기회가 주어졌는데 1년은 걸려야 한다고 생각되는 일을 6개월 내에 마쳐야 한다면

[참조 3] 2015년 주요 기업 자소서 및 면접 항목 예시

:: LS전선

■ 자소서 항목

1. 당신을 알고 싶습니다. 본인에 대하여 소개해 주시기 바랍니다. (성장과정, 경험, 성격, 강/약점, 가치관, 지원동기 등)

2. 당신은 혼자가 아닙니다. 본인이 속했던 조직(ex. 친구,동아리,가족,기타모임 등)의 화합과 융화를 이끌어내기 위해 노력했던 사례와 그 결과에 대하여 기재해 주시기 바랍니다.

3. 최고가 되고 싶습니까? 본인 스스로 최고가 되기 위해 노력했던 경험에 대해서 작성해 주시고, 당사 지원 직무와 어떠한 연관성이 있는지 기술해 주시기 바랍니다.

4. 당신에게 감동을 드리겠습니다. 누군가를 감동시키기 위해 노력했던 경험과, 그러한 노력이 상대방에게 어떻게 받아들여졌으며, 어떠한 변화로 이어졌는지 기술해 주시기 바랍니다.

5. 논문 요약. 석사 이상의 경우 자신의 논문을 요약해 주시기 바랍니다.
※ 각 항목당 글자수 공백포함 500자 이상 ~ 1,200자 이하로 입력

■ 면접 질문

- LS전선이 다루는 제품에 대해 말해보라
- 방금 말한 것을 영어로 말해보라
- 해당직무를 지원하기 위해 어떤 노력을 했는가

※ 각 기업에서 발표한 자료 및 언론에 공개된 자료를 바탕으로 한 것으로서 기업 사정에 따라 변경될 수 있음
※ 세부 항목과 질문은 계열사 및 지원 직무에 따라 달라질 수 있음

[참조 3] 2015년 주요 기업 자소서 및 면접 항목 예시

:: **현대기아차**

■ **자소서 항목**

현대차

1. 본인의 삶 중에 기억에 남는 최고의 순간 및 그 의미를 설명하고, 향후 본인이 원하는 삶은 무엇인지 기술해 주십시오.

2. 본인이 회사를 선택할 때의 기준은 무엇이며, 왜 현대자동차가 그 기준에 적합한지를 기술해 주십시오.

3. 현대자동차 해당 직무 분야에 지원하게 된 이유와 선택 직무에 본인이 적합하다고 판단할 수 있는 이유 및 근거를 제시해 주십시오.

기아차

1. 대학생활 중 가장 도전적으로 임하였던 일은 무엇입니까? – 그 일을 시작한 계기, 과정과 결과, 그 일을 통해 느낀 점을 포함해서 구체적으로 작성해 주세요. (2000 자)

2. 해당직무에 지원한 동기는 무엇이고, 본인이 지원직무에 적합하다고 생각하는 이유는 무엇입니까? (1000 자)

3. 당신은 업무능력을 인정 받고 팀원들로부터 신뢰 받는 사원 3년차 입니다. 만약 당신이 팀에서 나가게 되면 업무 공백이 매우 커서 다른 팀원들에게 큰 부담이 됩니다. 그런데 회사에서 당신이 꼭 해보고 싶었던 분야의 신규 프로젝트 TFT 팀원을 모집 중입니다. 해당 프로젝트는 성공여부가 불투명하고 업무량이 과중해 지원자가 거의 없는 상황입니다. 당신은 이러한 상황에서 어떤 선택을 하겠으며, 그 이유는 무엇입니까? (300 자)

■ 면접 질문

현대차

❶ 인성
- 대한민국의 가장 큰 문제가 무엇이라고 생각하는가
- 팀웍을 보여주었던 사례가 있으면 설명을 해보라
- 여성 지원자로서 강점이 무엇이 있을 것인가

❷ 직무
- 자동차에 대한 특별한 경험이 있는가
- 현대차의 문제점은 무엇인가
- 40대, 50대가 모바일 시스템을 잘 이해하지 못한다면 어떻게 해결할 것 인가? (토론면접)
- 품질 개선 방안이 뭐라고 생각하세요?
- 가격경쟁력 개선 방안은 뭐라 생각하는가
- 프리미엄 자동차에서 중요하다고 생각하는 것은 무엇인가?

기아차
- 본인이 기아자동차를 구입한다면 어떤 차를 구입하고 싶고, 이유는 무엇인가
- 기아자동차가 자신을 선발해야 하는 이유는 무엇인가

[참조 3] 2015년 주요 기업 자소서 및 면접 항목 예시

:: 현대모비스

■ 자소서 항목

1. 해당 직무 분야에 지원하게 된 이유를 기재해 주시기 바랍니다.(200자이상
~700자 이내)

2. 본인이 지원 분야에 적합하다고 판단할 수 있는 이유 및 근거를, 본인의 노
력과 경험을 바탕으로 제시해 주시기 바랍니다.(200자이상~1,000자 이내)

3. 입사 후 현대모비스의 발전을 위해 본인이 어떠한 노력을 할 것인지를 중
장기적인 관점에서 기재해 주시기 바랍니다.(200자이상~700자 이내)

■ 면접 질문

- 본인이 창의적으로 문제를 해결했던 경험에 대해서 설명해보라.
- 본인이 도전적으로 수행했던 경험에 대해서 설명해보라.
- 본인의 장단점, 그리고 본인은 장점을 더욱 부각시키는 타입인지, 단점을
보완하는 타입인지 설명하라

:: 현대중공업

■ 자소서 항목

1. 자기소개(중요사항을중심으로 간략히 기재) (25line 2500byte)

2. 주요경력(세부전공내용 중심으로 기술) (15line 1500byte)

3. 지원동기(중요사항을중심으로 간략히 기재) (15line 1500byte)

■ 면접 질문

- 현대중공업에 입사해 본인이 목표로 하는 바는 무엇인가
- 향후 조선산업은 현재와 비교해 어떤 변화된 방향으로 나아갈 것으로 생각하는가
- 지원한 분야에서 신입사원이 가져야할 가장 중요한 역량은 무엇이라고 생각하는가
- 여자로서 지원자가 1명이다. 일이 많이 힘들텐데 할 수 있는가
- 지원자 A군과 B군 중 딱 1명만 뽑아야 한다면 누구를 뽑았으면 좋겠는가

※ 각 기업에서 발표한 자료 및 언론에 공개된 자료를 바탕으로 한 것으로서 기업 사정에 따라 변경될 수 있음
※ 세부 항목과 질문은 계열사 및 지원 직무에 따라 달라질 수 있음

[참조 3] 2015년 주요 기업 자소서 및 면접 항목 예시

:: **롯데그룹**

■ **자소서 항목**

1. 지원분야에 필요한 직무능력을 습득하기 위해 받은 학교교육 또는 직업교육에 대해 기술하십시오. (분야, 과목명, 주요내용, 성과 등 / 온라인 교육 포함)

2. 지원분야의 관련 업무를 수행한 경력 또는 관련 활동을 수행한 경험 중 대표적인 것에 대해 기술하십시오. 경력은 금전적 보수를 받고 일정기간 동안 일했던 이력을 의미하며, 경험은 직업 외적인(금전적 보수를 받지 않고 수행한) 활동(산학협력, 팀프로젝트, 연구회, 동아리·동호회 등 포함)을 의미합니다. 경력을 기술할 경우 구체적으로 직무영역, 활동/경험/수행내용, 본인의 역할, 주요 성과 등에 대해 작성하시고, 경험을 기술할 경우 구체적으로 본인의 학습경험 혹은 활동내용, 활동 결과에 대해 작성하시기 바랍니다.

3. 귀하가 최근 3년 이내에 가장 도전적인 목표를 세우고 성취해낸 구체적인 경험이 있다면 구체적으로 그 과정과 결과에 대하여 기술하여 주십시오.

4. 귀하가 최근 3년 이내에 공동(조직) 또는 타인의 이익을 위하여 나에게 예상되는 손해(피해)를 감수하고 일을 수행한 경험이 있다면 구체적으로 그 과정과 결과에 대하여 기술하여 주십시오.

※ 띄어쓰기 포함 100~400자로 작성

Chapter 07
자소서와 면접, 어떻게 준비해야 하나?

■ **면접 질문**

- 백화점의 젊은층 고객이 줄고 있는데 10~20대 고객 유치를 위한 방안(백화점)
- 우리 사회의 급속한 고령화가 롯데제과 제품 전략에 미치는 영향(제과)
- 롯데하이마트 옴니채널 활성화 전략(하이마트)
- 빅데이터를 활용해 신용카드사에서 전개할 수 있는 사업모델 제안(카드)

※ 각 기업에서 발표한 자료 및 언론에 공개된 자료를 바탕으로 한 것으로서 기업 사정에 따라 변경될 수 있음
※ 세부 항목과 질문은 계열사 및 지원 직무에 따라 달라질 수 있음

[참조 3] 2015년 주요 기업 자소서 및 면접 항목 예시

:: 이마트

■ 자소서 항목

1. 당사에 지원한 이유와 입사를 위해 어떤 노력을 하였는지 구체적으로 기술하시오. (1,000자)

2. 지원한 직군에서 구체적으로 하고 싶은 일과 본인이 그 일을 남들보다 잘할 수 있는 차별화된 능력과 경험을 기술하시오. (1,000자)

3. 학업 외 가장 열정적이고 도전적으로 몰입하여 성과를 창출했거나 목표를 달성한 경험을 기술하시오. (1,000자)

■ 면접 질문

- 대형마트 외 유통채널로 이탈하는 고객을 재확보 할 수 있는 방안은 무엇인가(토론면접)
- 1인 가구 증가에 따른 이마트 식품 MD를 제안해 보라(드림스테이지 PT면접)

:: **GS리테일**

■ **자소서 항목**

1. 지원동기 및 열정에 대하여 (800Byte)

2. 성장과정 및 학교생활에 대하여 (800 Byte)

3. 입사 후 포부(Vision)에 대하여 (800 Byte)

4. 성격의 장·단점 및 보완노력에 대하여 (800 Byte)

5. 정직함에 대하여(경험이 있다면 그 상황에서의 본인의 입장 및 대처 사례) (800 Byte)

■ **면접 질문** : 한국사
 – 자신있게 소개할 만한 역사 사건이 있다면
 – 한국사에 등장하는 인물중 가장 존경하는 인물과 그 이유는
 – 가장 존경하는 독립운동가가 있다면 누구며 그 이유는
 – 역사 인물 중 내가 OOO이었다면 OOO했을 것이다에 대해 이유와 함께 말해보라.
 – 기업들이 한국사 학습을 강조하는 이유는

[참조 3] 2015년 주요 기업 자소서 및 면접 항목 예시

:: 대한항공

■ 자소서 항목

1. [지원동기및 포부] 많은 직장 중에서 항공사를 선택하게 된 이유와 특히 대한항공에 지원하게 된 동기 및 입사후 포부에 대해 구체적으로 기술하시오 (600자 이내)

2. [진취적성향] 자신에게 주어진 일이나 과제를 수행하는데 있어, 고정관념을 깨고 창의적으로 문제를 해결했던 사례에 대해 구체적으로 기술하시오 (600자 이내)

3. [서비스정신과 올바른 예절] 본인이 경험한 최고의 서비스, 최악의서비스에 대해 기술하고, 그렇게 판단한 근거 및 사유에 대해 설명하시오. (600자 이내)

4. [국제적감각] 항공사 직원이 함양해야 할 국제적 감각이란 무엇이며, 이역량을 배양하기 위해 본인은 어떠한 노력을 기울였는지 기술하시오. (600자 이내)

5. [성실한조직인] 과거 타인과의 인간관계에서 가장 힘들었던 갈등상황과 이를 슬기롭게 극복할 수 있었던 본인의전략 및 노하우에 대해 기술하시오. (600자 이내)

■ 면접 질문 : 토론

- 패키지, 배낭, 자유여행 등 관광 트렌드가 계속 변한다. 10년후 새로운 관광트렌드를 예상하고 대한항공의 대응방법에 대해 말해보라
- 항공운송 서비스 상품의 개발 단계에서 한국은행이나 통계청 자료가 활용된다.

- 대한항공의 상품 개발을 위해 이용할 수 있는 경제 통계 자료에는 어떤 것들이 있으며 그중 가장 유용한 지표는 무엇이라고 보는가(일반직)
- 특허가 기술 진보를 막는다는 의견이 있다. 본인의 의견과 논거를 밝혀보라 (연구개발직)
- 대한항공이 도입 예정인 드림라이너는 기체 절반 이상이 복합 소재로 제작돼 연료 효율이 20% 향상되었다. 신형 항공기의 복합소재 사용이 항공기 정비 방식에 미칠 영향을 논의해 보라(기술직)

※ 각 기업에서 발표한 자료 및 언론에 공개된 자료를 바탕으로 한 것으로서 기업 사정에 따라 변경될 수 있음
※ 세부 항목과 질문은 계열사 및 지원 직무에 따라 달라질 수 있음

[참조 3] 2015년 주요 기업 자소서 및 면접 항목 예시

:: 신한은행

■ 자소서 항목

1. 지원동기 및 포부, 성장과정, 수학 내용(휴학 기간 또는 졸업후의 공백기 내용 포함), 본인의 가치관 및 인생관에 영향을 끼쳤던 경험, 단체 속의 일원으로 거둔 성과(동아리, 공모전 등)에 대하여 주제별로 구분하여 자유롭게 기술해 주세요. (5000 Bytes 이내)

2. 신한은행 입행을 위해 노력했던 내용과 그 결과 등에 대해 기술해 주세요. (2000 Bytes 이내)

3. 최근 대형은행의 합병, 인터넷 은행의 등장 등 국내 은행권 경쟁이 심화되고 금융시장 환경이 급변하고 있는 상황입니다. 이런 환경에서 현재 신한은행의 장점과 단점을 기재하고 신한은행이 향후 취해야 할 전략에 대해서 기술해 주세요. (2000 Bytes 이내)

4. 신한은행의 핵심가치와 관련 있는 인문학 서적을 선택하고, 그 책을 선택한 이유와 책에 대한 본인의 생각을 기술해 주세요. (2000 Bytes 이내)

■ 면접 질문

❶ 인성
- 전공이 무관한데 은행에 지원한 이유는
- 가장 최근에 읽었던 신문기사는 무엇인가
- 존경하는 인물과 그 이유는 무엇인가
- 은행원으로서 꿈이 있다면

❷ 직무

- 어떤 고객이 5만원을 덜 받았다고 항의한다면 어떻게 대응하겠는가

- 시재가 5천원 비었다. 본인의 돈으로 메꾼다면 편하게 해결할 수 있다. 어떻게 하겠는가

- 금융 관련 자격증이나 경험이 없는데 은행에 들어오기 위해 어떤 노력을 하였나

❸ 토론

초중고 학생들이 문제풀이시 계산기를 사용하는 것에 대한 찬반

❹ PT

자신이 선택한 역사적 인물의 업적을 바탕으로, 신한은행이 글로벌 진출을 하기 위한 전략, 신한은행의 인재 채용 전략, 협업과 소통의 관점에서의 영업 전략 세우기

[참조 3] 2015년 주요 기업 자소서 및 면접 항목 예시

:: 신협

■ 자소서 항목

1. 성장과정

2. 성격 및 장단점

3. 지원동기 및 입사후 포부

4. 사회(봉사)활동경험

5. 자신을 어필할 수 있는 내용

※ 200~700자 이내로 작성

■ 면접 질문

- 한국사 1급 자격증이 있는데, 본인의 고향에서 가장 유명한 역사적 인물이 누구인가, 그리고 그를 통해 무엇을 배울 수 있었고 이를 신협중앙회에 어떤 식으로 활용할 수 있는가
- 팀내 갈등을 해결한 사례와 반대로 본인이 갈등의 원인이 된 적이 있는가
- 나의 사후 비문에 남기고 싶은 말이 있다면
- 자신만의 버킷리스트가 있을 텐데, 그 중 첫 번째는 무엇인가
- 상사가 합리적이지 않은 지시를 할 때 어떻게 대처할 것인가
- 최근에 읽은 책에서 영감을 받은 부분이 있다면? 또는 향후 신협 입사 후 접목했으면 좋겠다고 생각한 아이디어나 착안점이 있었는가
- 팀워크가 무엇이라고 생각하는가, 자신이 실제 팀워크를 통해 이룬 성과나 경험이 있다면?

[참조 3] 2015년 주요 기업 자소서 및 면접 항목 예시

:: GS칼텍스

■ 자소서 항목

1. 성장과정 및 학창시절에 대해서 작성해주십시오.

2. 지금까지 해오던 방식에서 벗어나 새로운 관점에서 일을 추진했던 경험에 대해서 작성해주십시오.

3. 새로운 환경이나 조직에 들어가서 갈등을 겪었던 경험과 이를 성공적으로 극복했던 사례에 대해서 작성해주십시오.

4. 가장 성취감을 느꼈던 일은 무엇이었습니까? 그 일은 시작하게 된 동기와 달성하기 위해 어떤 노력을 기울였는지 작성해 주십시오.

5. 본인이 당사에 꼭 입사해야 하는 이유와 지원 직무를 위해 했던 노력, 그리고 당사에 입사해서 이루고 싶은 목표에 대해 작성해주십시오.

■ 면접 질문

❶ 프리젠테이션(PT) 면접
- 현재 주유소를 운영하고 있는데 반대편에 경쟁 주유소가 만들어졌고 앞으로 더 많은 주유소가 만들어질 예정이다. 이때 우리 주유소의 대응방안에 대해 발표해보라

- 미국 연방준비제도위원회(FRB)에서 금리를 올렸는데, 유가에 어떤 영향을 미치는가

❷ 인성

- 자소서 내용에 대한 질문

- 자기소개를 해보라

- 현재 1억이 생긴다면 어떻게 사용할 것인가

- 자신의 신조는 무엇인가

- 주변에 친구는 많은가

- 마지막으로 하고 싶은 말을 해보라

❸ 집단토론

원정 출산에 대한 찬반토론

[참조 3] 2015년 주요 기업 자소서 및 면접 항목 예시

:: KCC

■ 자소서 항목

1. 개인의 성장과정 및 차별화된 강점을 기술하시오.

2. KCC 지원 동기 및 사내에서 이루고자 하는 목표는 무엇입니까.

3. 지원 분야를 준비한 과정을 개인의 경험을 토대로 구체적으로 기술하시오.

4. KCC 인재상 중 자신에게 가장 부합하는 항목을 선택해 개인의 경험과 함께 구체적으로 기술하시오.(10줄 이내)
   ※ 이공계 지원자는 '연구내용 혹은 논문주제에 관한 기술' 추가

■ 면접 질문

❶ PT 면접
   - 최근 KCC에서 추구하는 '에너지 제로 하우스(Energy Zero House)'를 실현하기 위한 실행아이디어를 제시하고 KCC 제품을 활용하는 방안에 대해 설명하시오.
   - 도료를 포함한 화학물질에서는 용제(Solvent)를 많이 사용하는데, 이 가운데 수용성 제품에 물을 용제로 사용함으로써의 장점과 단점에 대해 이야기하시오.
   - 유리전이온도의 특성을 이용한 실생활의 화학제품 개발 응용 방안에 대해 설명해 보시오.
   - PVC 시장은 국내 2개사 양강 구도로 국내시장을 과점하고 있으며, 이에 따라 공급자의 시장 가격 결정력이 우위에 있다. 이를 타계하기 위해 수입산을 검토하려 하나 국산 대비 큰 경쟁력이 있는 수준은 아니며 국

내 제조사 및 수입 업자 간 카르텔 형성으로 수입 물량 또한 제한적이다. 당신이 구매 담당자라면 원가 절감을 위해 어떤 전략으로 구매업무를 진행하겠는가

– 이상 고온현상으로 냉장고 수요가 급증해 냉장고 생산에 필요한 압연강판이 부족해지고 있다. 거래하던 국내 철강업체는 수요의 급증을 이유로 가격 상승을 요구하고 있는데 이는 지난 몇 년간의 가격 상승분을 웃도는 수치이다. 이에 기존 거래가 없던 외국 철강업체에 구매의뢰를 한 결과, 이 외국업체는 기존 거래처의 가격으로 제품을 공급해 주겠다고는 하나 필요 물량의 인도 시기에 대해서는 확답을 주지 못하고 있다. 당신이 구매 담당자라면 어떻게 하겠는가

❷ 인성 면접
   – 자기 소개서를 바탕으로 한 성격·태도·가치관 관련 질문
   – 스트레스와 좌절을 극복하는 본인만의 노하우가 있다면
   – 다양한 배경을 가진 사람들과 일해본 경험이 있는가

[참조 3] 2015년 주요 기업 자소서 및 면접 항목 예시

:: CJ제일제당

■ 자소서 항목

1. CJ제일제당 및 선택한 직무에 대한 지원동기

   ① 선택한 직무에 관심을 갖게 된 계기

   ② 본인 직무를 잘 수행할 수 있는 이유 (본인의 강점, 준비, 관련 경험에 근거)

   Food Sales/Food Sales Consulting 직무

   ② 영업사원으로서의 하루 업무 일과 예상해보고, 본인이 해당 직무를 잘 수행할 수 있는 이유(본인의 강점, 준비, 관련경험 근거)를 반드시 포함하여 구체적으로 작성.

   ③ CJ제일제당이 아니면 안 되는 이유를 반드시 포함하여 구체적으로 작성.

2. 대학생활 중, 어려움을 극복했던 경험을 구체적으로 작성해 주세요.

   ① 상황에 대한 설명

   ② 어려움을 극복하기 위해 노력했던 과정 및 결과

   ③ 해당 경험을 통해 배운 점

   ※ 각 항목당 글자수 공백포함 1,000자 이내 입력

■ 면접 질문

❶ 인성
   - 조직에서 갈등을 겪고 극복한 사례를 들어보라
   - 아르바이트에서 기억나는 손님이 있다면 얘기해보라
   - 10년후 자신의 모습을 묘사해 보라

❷ 직무
- 직무 지원동기를 말해 보라
- CJ에 지원하는 과정에서 어떤 일을 준비했고 CJ에 대해서 얼만큼 알고 있는가
- 마케팅과 식품마케팅의 차이를 아는가
- 식품마케팅에서 일한다면 어떤 브랜드를 담당하고 싶나요
- 향후 본인이 담당하고 싶은 브랜드는
- ETC영업과 OTC영업의 차이를 알고 있는가
- CJ제일제당의 경쟁사가 어디인가
- 해외의 외식 업체를 들여오는 것에 대한 찬반 토론
- 품질 납기 가격중 가장 중요한 것은
- 어려웠던 상황과 그를 극복하며 얻게된 교훈

[참조 3] 2015년 주요 기업 자소서 및 면접 항목 예시

:: 아모레퍼시픽

■ 자소서 항목

1. 귀하가 회사를 선택하는 기준은 무엇이며 왜 그 기준에 AMOREPACIFIC
   이 적합한지 기술하시오.(최대 800자 최소 100자)

2. 현재 귀하의 가장 부족한 역량은 무엇이며, 역량개발을 위해 어떤 활동과
   노력을 하고 있는지 기술하시오.(최대 600자 최소 100자)

3. 지원한 직무를 수행함에 있어 귀하가 가지고 있는 강점에 대해 경험을 중
   심으로 기술하시오.(최대 600자 최소 100자)

4. 아모레퍼시픽 그룹은 아름다움으로 세상을 변화시키겠다는 특별한 소명을
   가지고 있습니다. 세상을 변화시키는 '아름다움이 왜 필요한지 정의'하고,
   입사한다면 이러한 소명을 어떻게 실현 할 수 있을지 기술하시오.(최대 600
   최소 100)

5. AMOREPACIFIC을 통하여 귀하가 이루고자 하는 '비전(꿈)'은 무엇인지
   기술하시오. (최대 600 최소 100)

■ 면접 질문

- 자기소개를 해보라
- 가장 최근에 어려웠던 점이 있다면
- 스트레스 관리는 어떻게 하나
- 인생의 목표는 무엇인가
- 자신이 주도적으로 했던 팀 활동은

[참조 3] **2015년 주요 기업 자소서 및 면접 항목 예시**

:: **LG생활건강**

■ **자소서 항목**

1. LG생활건강에 지원하게 된 동기와 해당 직무에 지원하는 동기에 대해 기술해 주시기 바랍니다.(당사 및 해당 직무에 지원하는 동기를 자유롭게 기술하시기 바랍니다.) (100자~500자)

2. 입사 후 선택한 직무를 통해 이루고자 하는 비전(꿈)과 그에 대한 본인의 성장 계획, 포부 등을 서술해 주시기 바랍니다. (입사 이후 자신의 분야에서의 꿈, 비전 및 역량 개발 계획 등에 대해 기술해 주세요.) (100자~500자)

3. 자신이 지원한 직무를 잘 수행할 수 있는 자신만의 강점(경험, 역량, 스킬 등)에 대하여 기술하시고, LG생활건강에 어떻게 기여할 수 있을지 기술해주시기 바랍니다. (전공지식/프로젝트 수행경험/본인 주요 역할 등 본인의 경쟁력을 어필할 수 있는 내용과 이를 기반으로 회사에 어떻게 기여할 수 있는지를 기술하시기 바랍니다.) (100자~1,000자)

직무에세이 (소비재 마케팅 직군)

최근 중화권 소비재 시장으로의 진출이 활발해지고 있습니다. 그러나 그만큼 수많은 브랜드의 동시 다발적인 진출로 '더 히스토리 오브 후', '리엔 윤고' 등 한방 컨셉의 브랜드 외에는 안정적으로 정착하지 못한 상태입니다. 여러분이 LG생활건강 마케터라 가정하고 우리 회사의 브랜드 중 하나를 선정해 중화권 시장에 성공적으로 정착하기 위한 구체적인 전략을 제시해 주시기 바랍니다.

■ 면접 질문

❶ 인성
- 자기소개와 함께 졸업프로젝트에 대해 이야기해보라.
- 상사가 규정 외 행동을 한다면 어떻게 대처할 것인가
- 회사를 다니다 그만두었는데 왜 우리회사로 옮기려고 하나
- 아르바이트를 하면서 가장 힘들었던 점은 무엇이었나
- 일탈을 해 본적이 있나. 혹은 일탈을 생각해 본 경험이 있는가
- 가장 큰 좌절을 느꼈던 순간은 언제인가

❷ 직무
- IoT기술을 활용해 뷰티 디바이스를 개발한다면 어떤 제품을 개발해보고 싶습니까?
- 전공한 지원자가 기계공학을 전공한 지원자보다 나은 이유를 말씀해주세요.
- 학점이 낮은 편인데 업무에 지장은 없는가?
- SCM이 어떤 직무라고 생각하는가?
- 화학과인데 왜 노무사 자격증을 취득했나
- LG생활건강에 대해 아는대로 말해보라
- 계면활성제에 대해 말해보라
- 구매에서 가장 중요한 마인드는 무엇이라고 생각하는가

부모는
자녀의 롤모델이다

면 접장에서 지원자들에게 존경하는 인물이 누구냐고 물으면 아무리 사람이 많아도 답은 두 가지 밖에 나오지 않는다. 하나는 위인, 영웅, 스타 등 누구나 익히 들어서 알고 있는 이름이다. 다른 하나는 바로 지원자 자신의 부모다. 그들의 말이 단순히 취업을 위해 지어낸 이야기가 아니라 진실이라고 믿는다. 그런 대답을 들을 때마다. 대견하게 느껴지면서 그들의 부모가 궁금해 지곤 했다. 여느 다른 부모와 마찬가지로 자식의 성공을 위해 지금까지 자기 한 몸 아끼지 않고 달려왔을 분들임이 분명하다. 지금 이 시간에도 아들 딸의 취업을 위해 전심으로 기도하고 있을 것이다.

다른 한편으로는 부모도 자녀가 존경하는 인물로 자신을 이야기하고 있다는 것을 알고 있을까 하는 궁금함이 생겼다. 언론 보도에 의하면 부모가 많은 취업준비생들에게 취업 스트레스 유발 상위권을 차지하고 있다고 하는데, 뭔가 모순이라는 생각이 들기도 한다. 어쨌거나 한가지 확실한 사실은 부모는 긍정적이든 부정적이든 자녀의 롤모델이라는 것이다. 사람은 부모를 보며 자란다. 많은 사람이 커서 부모님처럼 될 거야 또는 부모님처럼은 안 살겠다는 다짐을 한다. 당연히 닮고 싶고, 존경 받는 부모가 되는 것이 좋지 않겠는가? 면접장에서 자녀가 존경하는 인물로 꼽을 때, 그것은 진실이어야 한다.

인생의 롤모델도 좋지만 당장 눈앞에 닥친 취업에서도 도움이 된다면 더욱 좋을 것이다. 취업이 안 되는 자녀를 보며 더 이상 안타까워만 하거나, 방관 해서는 안 된다. 부모가 또 하나의 짐이 되어서는 더더욱 안 된다. 자녀의 상황을 알고 도움이 될 수 있어야 진정한 롤모델이라고 할 수 있다. 취업에 대해 자녀와 소통할 수 있어야 한다. 자녀와 더 많은 대화를 나누고 그들의 아픔과 무거운 짐을 나눌 수 있어야 한다. 지금 이 시간도 도서관에서, 좁은 방안에서 토익과 상식, 인적성검사, 자격증 책에 얼굴을 묻고 있는 자녀가 왜 저 공부를 저렇게 하는지 알고 바라보는 것과 모르고 쳐다보는 것과는 차이가 있다.

빌 포터라는 미국의 전설적인 세일즈맨이 있었다. 그는 날 때부터 몸이 불편한 사람이었다. 그러나, 그의 어머니는 아들이 집에서 편히 있는 것 보다 일을 하도록 이끌어 주었다. 그러나, 취업을 시켜준 것이 아니라 직업소개소의 문 앞까지만 이끌어주었다. 그리고 무엇보다 끊임없이 할 수 있다는 자신감을 불어 넣어주고, 어떤 어려움에도 인내하라는 말을 쉬지 않았다. 그는 어머니의 사랑과 격려로 불편한 몸을 딛고 일어나 정상인도 하기 힘든 우수 세일즈맨이 되었고, 많은 사람에게 용기와 감동을 주는 인물이 되었다. 그가 가장 사랑했던 사람, 가장 존경했던 사람은 당연히 어머니였다. 그의 어머니는 자식의 약점조차 강점이 되게 만들었다.

우리의 부모들도 자식에 대한 사랑이 그보다 더하면 더했지 덜할 사람은 아무도 없다. 지금 대한민국의 부모들은 누구보다 자녀에게 마땅히 존경 받을 만 하며 롤모델이 되기에 충분하다. 면접장에서 존경하는 인물로 꼽히는 것이 너무나도 당연하다. 이제부터는 취업준비생의 부모로서 조금이라도 자녀의 취업에 대해 알고 소통하도록 하자. 자녀에게 '할 수 있다, 조금만 더 인내하자'라는 격려뿐만 아니라 실질적인 도움이 되게 해주자. 면접장에서 저희 부모님은 제가 가장 존경하는 분이며, 저의 인생의 롤모델이라는 말이 빈말이 아닌 실질적인 울림이 되게 하자.

취업준비생
부모가
꼭 알아야 할
7가지 취업이야기

초판발행일 | 2016년 01월 05일

지 은 이 | 노 훈
펴 낸 이 | 배수현
디 자 인 | 박수정
제   작 | 송재호

펴 낸 곳 | 가나북스 www.gnbooks.co.kr
출 판 등 록 | 제393-2009-000012호
전   화 | 031) 408-8811(代)

팩   스 | 031) 501-8811

ISBN 979-11-86562-17-8(03320)